Planejando com foco na demanda do mercado de trabalho

Apoio à elaboração dos Planos Estaduais de Qualificação Profissional – PEQs (1999-2002)

Organizadores
Ayrton Fausto
Cid Garcia
Werner Ackermann

Planejando com foco na demanda do mercado de trabalho

Apoio à elaboração dos Planos Estaduais de Qualificação Profissional – PEQs (1999-2002)

Autores
Equipe Projeto Replanfor

Faculdade Latino-Americana de Ciências Sociais
FLACSO
Sede Acadêmica Brasil

Editora UNESP

Direitos de publicação reservados à:

Fundação Editora da UNESP (FEU)
Praça da Sé, 108
01001-900 – São Paulo – SP
Tel.: (0xx11) 232-7171 Fax: (0xx11) 232-7172
Home page: www.editora.unesp.br
E-mail: feu@editora.unesp.br

Faculdade Latino-Americana de Ciências Sociais (Flacso) – Sede Acadêmica Brasil
SCN Quadra 6, bloco A, salas 607/610, Ed. Venâncio 3000
70165-970 – Brasília, DF – Brasil
Telefax: 55 (61) 328-6341 / 328-6247 / 328-1369 / 328-1370
E-mail: flabras@zaz.com.br

Dados Internacionais de Catalogação na Publicação (CIP)
(Câmara Brasileira do Livro, SP, Brasil)

Planejamento com foco na demanda do mercado de trabalho: apoio à elaboração dos Planos Estaduais de Qualificação Profissional - PEQs: (1999-2002) / organizadores Ayrton Fausto, Cid Garcia, Werner Ackermann. – São Paulo: Editora UNESP, 2001.

Bibliografia
ISBN 85-7139-347-8

1. Mercado de trabalho 2. Planos Estaduais de Qualificação Profissional – PEQs (1999-2002) I. Fausto, Ayrton. II. Garcia, Cid. III. Ackermann, Werner.

01-1555 CDD- 331.129

Índice para catálogo sistemático:
1. Mercado de trabalho: Economia 331.129

As designações empregadas nas publicações da Flacso, as quais estão em conformidade com a prática seguida pelas Nações Unidas, bem como a forma em que aparecem nas obras, não implicam juízo de valor por parte da Flacso no que se refere à condição jurídica de nenhum país, área ou território citados ou de suas autoridades, ou, ainda, concernente à delimitação de suas fronteiras.

A responsabilidade pelas opiniões contidas nos estudos, artigos e outras contribuições cabe exclusivamente ao(s) autor(es), e a publicação dos trabalhos pela Flacso não constitui endosso das opiniões neles expressas.

Da mesma forma, referências a nomes de instituições, empresas, produtos comerciais e processos não representam aprovação pela Flacso, bem como a omissão do nome de determinada instituição, empresa, produto comercial ou processo não deve ser interpretada como sinal de sua desaprovação por parte da Flacso.

Editora afiliada:

Asociación de Editoriales Universitarias de América Latina y el Caribe

Associação Brasileira de Editoras Universitárias

Cópia não autorizada é crime
ABDR
Associação Brasileira de Direitos Reprográficos
Respeite o direito autoral

Sumário

Apresentação da coleção

Políticas Públicas de Trabalho, Emprego e Geração de Renda/PPTR

Co-edição Flacso/Brasil/FEU-UNESP/Orealc-Unesco

Objetivos da coleção

A presente série de livros pretende sistematizar a produção conceitual – teórica e de reconstrução histórica –, metodológica e técnica, elaborada e/ou utilizada pela Sede Acadêmica Brasil da Faculdade Latino-Americana de Ciências Sociais (Flacso), em processos de formação de formadores estratégicos para a construção do Plano Nacional de Qualificação do Trabalhador (Planfor), e dos demais componentes da Política Pública de Trabalho e Renda (PPTR) (seguro-desemprego, crédito popular, intermediação e produção de informações sobre o mercado de trabalho).[1]

Assegurar a ampla difusão desses materiais tem por objetivo apoiar a multiplicação indispensável de iniciativas de qualificação/requalificação do universo de tais formadores, executadas pela própria Flacso/Brasil e por todas as instituições interessadas em contribuir com esta imensa tarefa.

As atividades de formação de gestores/formadores, em razão das quais os textos ora publicados foram produzidos ou selecionados, foram executadas no âmbito da parceria nacional Ministério do Trabalho e Emprego (MTE) – Flacso consolidada em Acordo de Cooperação entre o governo brasileiro (representado pela Agência Brasileira de Cooperação (ABC) do Ministério de Relações

1 Para efeitos desta parceria entende-se por "formadores" o amplo universo de profissionais atuantes no planejamento, gestão, supervisão e acompanhamento, avaliação (gerencial e externa), análise e aprovação de programas e projetos, e execução direta de ações de EP, integrantes da REP e envolvidos ou não atualmente na execução do Planfor e dos outros mecanismos da PPTR.

Exteriores (MRE) e a Flacso/Brasil – projeto Replanfor – recentemente reafirmada em novo Acordo, e financiada com recursos do Fundo de Amparo ao Trabalhador (FAT).

A edição, impressão e distribuição desta série só foi possível pelo acordo de co-edição, aprovado pelo MTE/Secretaria de Políticas Públicas de Emprego e Renda (SPPE), entre a Flacso, a Fundação Editora da UNESP (FEU) e a Oficina Regional de Educação para a América Latina e o Caribe (Orealc) da Organização das Nações Unidas para a Educação, Ciência e Cultura (Unesco). Esse acordo de co-edição assegura a distribuição gratuita entre os atores da PPTR da parcela da tiragem dos textos financiada com recursos do FAT.

Livros da coleção PPTR

Os livros foram concebidos, em sua grande maioria, a partir da experiência de campo,[2] tendo em vista os obstáculos e avanços experimentados pelas Secretarias Estaduais de Trabalho (STbs), Comissões Estaduais de Trabalho (CETs), avaliadores e executores, entre outros atores direta ou indiretamente envolvidos com a construção e gestão da PPTR. Portanto, de modo a lograr a maior precisão possível quanto ao impacto desejável, foram selecionados os temas que surgem como os mais importantes para os diversos atores anteriormente mencionados.

O público preferencial de tais publicações é, pois, aquele da lida diária, os que estão, efetivamente, assentando os tijolos dessa obra em progresso que é uma PPTR orientada pelos princípios democráticos do desenvolvimento com eqüidade, da ampliação da participação, da autonomia e da descentralização.

Como produto direto e natural do trabalho de campo (qualificação de técnicos e conselheiros das STbs e CETs), temos as seguintes publicações (produtos coletivos da equipe do Projeto Replanfor):

- *Planejando com foco na demanda do mercado de trabalho*: apoio à elaboração dos Planos Estaduais de Qualificação Profissional (PEQs) 1999-2002 (organizado por Ayrton Fausto, Cid Garcia e Werner Ackermann);
- *Políticas públicas de trabalho e renda e controle democrático*: a qualificação dos Conselheiros Estaduais de Trabalho no Brasil (organizado por Arno Vogel e Silvia C. Yannoulas);
- *Experiências inovadoras de educação profissional* (organizado por Celia Camargo);
- *Trabalhando com a diversidade no Planfor*: raça/cor, gênero e pessoas portadoras de necessidades especiais (organizado por Arno Vogel).

2 Qualificação de técnicos das STbs e membros das CETs, nas 27 UFs.

As duas primeiras obras, além do registro das intervenções levadas a termo pela Flacso/Brasil nas 27 Unidades da Federação, com detalhamento da metodologia utilizada e dos produtos amadurecidos durante os seminários conceituais e construídos em oficinas de trabalho, reproduzem os documentos conceituais e o marco normativo aí trabalhados, além de realizar um balanço geral da qualificação e oferecer propostas para a melhoria da atuação dos atores/instâncias envolvidas com as ações da PPTR.

A terceira publicação, elaborada a partir da coleta de experiências inovadoras no âmbito dos Planos Estaduais de Qualificação Profissional (PEQs),[3] durante o processo de qualificação dos técnicos das STbs, surge da necessidade de socialização e multiplicação daquelas experiências, buscando contribuir com a proposta de avanço conceitual e metodológica do Planfor, não restrita a aspectos pedagógicos (cursos), ressalva que acena para a vital importância da promoção e consolidação da articulação institucional (construção de parcerias), por exemplo.

No que se refere à quarta publicação, procuramos lançar um olhar mais específico sobre questões fundamentais para qualquer debate orientado pelos princípios democráticos de desenvolvimento econômico com eqüidade. Partindo desse pressuposto e coerentes com um eixo indispensável em qualquer estratégia de desenvolvimento social que se pretenda conseqüente – que é o tratamento desigual para os desiguais –, principalmente em países (como o Brasil) com uma injusta distribuição da renda e alijamento de diversos e numerosos contingentes populacionais do mercado de trabalho, abordamos a questão do acesso preferencial a oportunidades de qualificação profissional e aos benefícios dos demais componentes da PPTR, de setores caracterizados por exclusões derivadas de raça/cor, relações de gênero, ou por serem portadoras de necessidades especiais.

Consideramos, pois, que as quatro publicações mencionadas têm ambições de – além da necessária função de memória técnica – tornarem-se interessantes ferramentas de trabalho para gestores, planejadores, executores e avaliadores, uma vez que contribuem para a reflexão sobre as políticas públicas de trabalho e renda, indicando inclusive algumas sendas possíveis para sua consolidação.

Tratando mais especificamente de questões conceituais sobre a educação profissional (EP), temos os demais livros da série, de autoria do Prof. Luiz Antônio Cunha:

- *O ensino de ofícios artesanais e manufatureiros no Brasil escravocrata*;
- *O ensino de ofícios nos primórdios da industrialização*;
- *O ensino profissional na irradiação do industrialismo*.

3 Foi solicitado às STbs hierarquizar as cinco mais relevantes experiências inovadoras no Estado.

A trilogia de Cunha nos oferece um minucioso panorama histórico da educação profissional no Brasil, desde o período escravocrata, prosseguindo até o ensino profissional na virada do século, além de abordar questões contemporâneas, a exemplo da proposta de mudança de paradigmas preconizada pelo MTE.

Com a publicação dos sete livros desta coleção, a Flacso/Brasil, pelo Projeto Replanfor, pretende contribuir com o esforço coletivo de construção e consolidação de uma PPTR, que arregimenta cada vez mais numerosos e preciosos parceiros.

A entidade executora: o que é a Flacso

A Faculdade Latino-Americana de Ciências Sociais (Flacso) é um organismo internacional, intergovernamental, autônomo, fundado em 1957, pelos Estados Latino-Americanos, a partir de uma proposta da Unesco.

Tem o mandato institucional de

- desenvolver a docência de pós-graduação, a pesquisa, e a cooperação científica e assistência técnica, no campo das Ciências Sociais e suas aplicações;
- apoiar o desenvolvimento e a integração dos países da América Latina e do Caribe.

São seus membros, atualmente, 14 Estados Latino-Americanos, entre eles o Brasil. Conta com 10 unidades acadêmicas, localizadas em diferentes países da região, sendo uma delas a Sede Acadêmica Flacso/Brasil.

Flacso no Brasil

A Flacso/Brasil, constituída com base num Convênio de Sede, firmado pelo Governo Brasileiro, e ratificado pelo Congresso Nacional, dá continuidade às atividades de cooperação da instituição no país, iniciadas, em 1957, com o Centro Latino-Americano de Pesquisas Sociais.

As atividades da Flacso no Brasil obedecem à diretriz de privilegiar a cooperação com:

- os governos – federal, estaduais e municipais;
- as universidades;
- as representações da sociedade civil;
- outros organismos intergovernamentais.

São objeto dessa cooperação:

- as políticas públicas, na área social;
- os processos de integração supranacional (especialmente Mercosul e Região Amazônica).

Tendo em vista o cumprimento dessa missão, a Flacso/Brasil desenvolveu:

- uma Metodologia de Qualificação para a Gestão Participativa, centrada no Setor Público, com 20 anos de experiências bem-sucedidas na América Latina e no Caribe;
- um Sistema Integrado de Pós-graduação (SIP), iniciado em 1987 pelo Programa de Doutorado em Ciências Sociais.

Prioridades da Flacso/Brasil

Com base nos princípios consagrados pela Constituição de 1988 – participação; descentralização; criação de uma Comunidade Latino-Americana de Nações; desenvolvimento com justiça social – o mandato institucional e a diretriz foram traduzidos:

- na concentração da docência, pesquisa e cooperação científica/assistência técnica na temática da Política Pública de Trabalho e Renda (PPTR);
- no desenvolvimento do SIP, atendendo às necessidades de qualificação dos diferentes atores envolvidos na formulação e gestão da PPTR.

Em razão de sua natureza institucional e da necessidade de dar um uso catalítico a seus limitados recursos, a Flacso procura consolidar sua função de espaço de reflexão em que os responsáveis políticos, os especialistas, os intelectuais e os numerosos atores da sociedade civil possam intercambiar experiências e pontos de vista com inteira liberdade, e apresentar perspectivas, estabelecer pontos de referência, formular alternativas para reintroduzir a lógica da escolha nos casos em que a premência da situação costuma favorecer medidas paliativas.

A Flacso, por seu próprio caráter intergovernamental, pode contribuir para a urgência de mobilizar os responsáveis políticos – no mais alto nível – para participarem de um diálogo aberto com os demais atores sociais relevantes, comprometidos com a determinação de objetivos, com o estabelecimento de planos de ação e com o sério propósito de adoção de medidas, cuja aplicação permita alcançar os ditos objetivos.

O contexto da formação de formadores realizada: o SIP

O Sistema Integrado de Pós-Graduação (SIP) é um conjunto articulado de atividades letivas, com diversas modalidades, cujo vértice é o Programa de Doutorado em Ciências Sociais da Flacso/Brasil.

As atividades letivas ou seminários de pós-graduação *lato sensu* permitem a acumulação de créditos de pós-graduação, que poderão ser utilizados como opção aos títulos oferecidos pela Instituição. O SIP tem como prioridades temáticas e metodológicas:

- abordagem multidisciplinar;
- estudos comparados;
- visão latino-americana;
- ênfase nos processos de integração supranacional;
- concentração nas políticas públicas;
- especialização na política pública de trabalho e renda.

Os docentes do SIP são especialistas, pesquisadores e professores da Flacso/Brasil e do sistema Flacso, bem como pessoas qualificadas das instituições educacionais e do campo das políticas públicas do país.

Os aspirantes a ingressar como estudantes do SIP podem ter diferentes origens profissionais e estudos de graduação distintos. Podem participar, entre outros, membros

- das equipes técnicas dos Ministérios de áreas afins (Trabalho e Emprego, Educação, Ciência e Tecnologia, Saúde, Justiça etc.);
- do sistema tripartite e paritário para formulação e gestão da PPTR (Codefat/CETs/CMTs);
- do sistema para formulação e gestão de políticas públicas afins (conselhos de educação, infância e adolescência, saúde etc.);
- das Secretarias Estaduais e Municipais de Trabalho;
- das equipes para avaliação dos diversos mecanismos da PPTR;
- universitários que procuram especializar-se em políticas públicas.

Temas centrais:

- articulação vertical do sistema tripartite e paritário para a formulação e gestão da PPTR;
- integração horizontal dos diversos mecanismos da PPTR;
- tendências atuais em educação profissional e sociologia do trabalho;
- controle democrático, descentralização e reforma do Estado;
- planejamento e avaliação de políticas públicas e sociais.

A cooperação MTE – Flacso/Brasil

Desde 1981, a Flacso/Brasil tem desenvolvido uma experiência continuada de cooperação com o Ministério do Trabalho e Emprego (MTE), em torno das seguintes ações de formação de formadores:

- apoio à formulação de uma política nacional para o artesanato;
- qualificação de mediadores;

- apoio à implantação da arbitragem nos conflitos do trabalho;
- análise do trabalho infantil e adolescente no Brasil urbano;
- apoio à formulação do Plano Nacional de Qualificação dos Trabalhadores (Planfor);
- qualificação de atores da PPTR.

A partir de 1995, esta cooperação dá um salto qualitativo iniciado com o apoio à formulação do Plano Nacional de Qualificação do Trabalhador (Planfor): experiência inovadora de inserção da educação profissional como dimensão relevante da Política Pública de Trabalho e Renda (PPTR), que por sua vez é uma ferramenta indispensável a um processo de desenvolvimento justo, democrático e sustentável da sociedade brasileira.

A parceria nacional MTE–Flacso consolidou-se com o Acordo de Cooperação entre o Governo Brasileiro e a Flacso/Brasil, celebrado em 1998 e ampliado em 1999/2000, por intermédio da Agência Brasileira de Cooperação do Ministério das Relações Exteriores, para a implementação da formação de formadores no âmbito do Planfor.

Duas características fundamentais da Instituição foram levadas em conta na escolha da Flacso/Brasil como parceira nacional do MTE na formação de formadores:

- seu caráter de organismo intergovernamental e internacional, com maior isenção em relação às três instâncias diretamente envolvidas na formulação e gestão da PPTR (governo + trabalhadores + empresários);
- sua experiência institucional, em processos de formação para o planejamento e gestão participativos, com metodologia e sistema de pós-graduação próprios (SIP).

Ações no âmbito da parceria MTE–Flacso/Brasil

O projeto Replanfor foi concebido e implementado de acordo com demandas apresentadas pelo Ministério do Trabalho e Emprego (MTE), com tríplice vertente:

- formação de equipes de qualificação das 27 Secretarias Estaduais de Trabalho (STbs) (1.000 técnicos e técnicas) no processo de discussão das diretrizes do Planfor 1999-2002, bem como na organização do processo de planejamento dos Planos Estaduais de Qualificação (PEQs) 1999-2002;
- qualificação de membros das 27 Comissões Estaduais de Trabalho (CETs) (600 conselheiros e conselheiras) para atuarem na gestão e supervisão descentralizada da PPTR;

- apoio ao MTE/SPPE, sob a forma de: assistência técnica à reestruturação e consolidação do Núcleo de Informação e Documentação (NID); participação no I Congresso Brasileiro de Educação Profissional; elaboração da minuta de Guia de Planejamento e Execução dos PEQs 1999-2002; e participação em Oficinas Regionais.

O Replanfor, desde o início, foi concebido como modalidade de formação de formadores do Planfor, assumindo, naturalmente, que o apoio e a capacitação propostos não implicariam substituição de funções próprias e essenciais da SPPE/MTE (antiga Sefor) e das STbs.[4]

Sua justificativa básica está no fechamento de um ciclo inicial do Planfor (1995-1998), e a correspondente necessidade de reflexão e preparação para a segunda etapa (1999-2002). Tal reflexão, por sua vez, incide sobre três aspectos:

- retomada e reforço da proposta inicial do Planfor;
- identificação de dificuldades, entraves, limites e avanços na sua implementação;
- projeção de perspectivas para o quadriênio 1999-2002, indicando melhorias possíveis na proposta e estratégia de implementação do período anterior.

Na fase de implementação do Planfor, a partir de 1995, um processo semelhante foi conduzido diretamente pelo MTE/SPPE com as equipes das STbs e parceiros. Com base nessa experiência, o próprio MTE/SPPE adquiriu crescente consciência da importância e necessidade de levar essa reflexão e preparação diretamente ao maior número possível das pessoas envolvidas na implementação do Planfor.

Ficou cada vez mais claro que não basta apenas enviar documentos e discuti-los com poucos representantes de cada STb; conceitos e diretrizes básicos precisam ter máxima difusão, a fim de ampliar a "massa crítica" na área da educação profissional.

Desse modo, e levando em conta o considerável aumento do quadro de pessoal, a cargo da qualificação profissional nas STbs entre 1995 e 1998 (de 350 para 1.300 técnicos), a formação e fortalecimento de CETs e CMTs (praticamente inexistentes em 1995), o MTE/SPPE buscou na Flacso uma parceria para o desenvolvimento, em escala ampliada, dessa formação, consciente da impossibilidade de conduzir esse processo de reflexão/preparação por si só (escassez de tempo, de equipe, e mesmo de suficiente distanciamento).

4 Esta noção é fundamental para evitar a confusão, surgida em diversos momentos, entre o Replanfor e os projetos de avaliação, assessoria técnica e terceirização do MTE/SPPE (antiga Sefor), ou reforço de pessoal às STbs para cumprirem funções que lhes são próprias, como o planejamento e supervisão dos PEQs.

Estabelecer e operacionalizar uma parceria com tais objetivos representou um desafio e uma experiência inovadora para as partes, que exigiu níveis não habituais de construção de consensos, de coordenação de ações, de flexibilidade, de respeito mútuo às diferenças de natureza institucional, cujo sucesso certamente enriqueceu ambas "memórias organizacionais", e terá efeitos na multiplicação de novas parcerias no sentido "forte" do conceito.

Outros acordos

A Flacso/Brasil realizou, igualmente, atividades de cooperação científica, com estados e municípios. Tais atividades contribuíram para a necessária articulação dos diferentes níveis de governo na execução da PPTR e de outras políticas públicas. Foram desenvolvidos projetos de

- avaliação de programas de PPTR;
- cadastro de entidades de educação profissional;
- programas estaduais de artesanato;
- qualificação de comissões estaduais e municipais de trabalho;
- estudos sobre reestruturação produtiva industrial;
- qualificação de beneficiários de crédito popular.

Projeção latino-americana

Adicionalmente, a Flacso contribuiu para a projeção na América Latina da experiência brasileira em educação profissional e outros mecanismos da PPTR, participando de projetos em parceria com

- IIPE/Unesco (Serviço Civil Voluntário no Estado do Rio de Janeiro);
- OIT (diversidade no Planfor: análise de experiências inovadoras de gênero);
- Unesco (produção de vídeos sobre as propostas do Planfor).

Âmbito esperado de utilização dos textos

A experiência realizada permite destacar a importância crucial

- da integração da PPTR e desta com outras Políticas Públicas (um passo adiante fundamental foi a criação da SPPE);
- da necessidade de estabelecer um só convênio MTE/UFs-STbs (o que já permitiria aprofundar a integração das ações de Intermediação/Qualificação);
- da nova relevância política das STbs;
- do papel das CMTs e órgãos municipais para o planejamento pela demanda do mercado de trabalho e efetiva descentralização da PPTR.

Tais medidas exigem

- processos maciços de qualificação de formadores (gestores, avaliadores, conselheiros, coordenadores das redes existentes);
- produção/seleção/difusão de materiais didáticos e metodologias inovadoras;
- necessidade de modernização e eficiência da gestão, entre outros aspectos, continuidade do fortalecimento e ampliação do NID;
- registro e difusão das experiências inovadoras, tanto no âmbito dos PEQs como no âmbito dos outros mecanismos da PPTR;
- reconstrução da história da educação profissional e da PPTR no Brasil e na América Latina, pois são indispensáveis para avaliar o impacto do conjunto dessas políticas públicas.

São temas fundamentais para os processos de formação de formadores:

- avaliação de políticas públicas;
- integração da PPTR e desta com outras políticas públicas;
- planejamento pela demanda atual e previsível do mercado de trabalho;
- identificação e difusão de experiências inovadoras em EP;
- igualdade de oportunidades/diversidade da PEA;
- gestão colegiada.

O Planfor representa uma proposta inovadora no campo da educação profissional, tratando-a como componente e como elemento crucial para a consistência – "liga" – de uma PPTR. Dessa maneira, planejar e executar a qualificação e requalificação profissional implica:

- referir-se à política pública de trabalho e renda e ao conjunto da PEA;
- aproximar-se à identificação das oportunidades atuais e previsíveis de trabalho e renda, recorrendo às informações disponíveis sobre o mercado de trabalho, sistematizando, aperfeiçoando e complementando a produção destas;
- articular-se com programas de intermediação, de geração de trabalho e renda e de seguro-desemprego;
- identificar, articular e mobilizar o conjunto de entidades dedicadas à EP.

O Planfor avançou significativamente no período 1996-1998, em termos qualitativos e quantitativos. Por isso, o período 1999-2002 coloca novos desafios para o Planfor, tanto na consolidação desses avanços atingidos, como na busca de um novo patamar na articulação da PPTR.

A experiência do Planfor 1996-1998 explicitou, gradativa e crescentemente, o papel estratégico das equipes das STbs e das CETs e Comissões Municipais de Trabalho (CMTs), bem como a necessidade de preparação contínua e permanente delas – um obstáculo crucial identificado para um avanço mais rápido e profundo na execução do Planfor reside nas carências de qualificação dos mencionados atores – para implementar a nova proposta. Os desafios de 1999-2002 reforçam essa necessidade, para consolidar esses avanços e garantir o novo patamar almejado.

Diversos projetos de qualificação das equipes de STbs e de membros das CETs e CMTs foram implementados no período 1996-1998. Do aprendizado com esses projetos percebe-se a importância de uma estratégia de preparação capaz de dar conta das seguintes dimensões:

- enfrentar problemas de rotatividade "natural" no quadro das STbs/CET/CMTs, garantindo sempre um núcleo mínimo qualificado para a continuidade das ações;
- estender as ações de preparação ao universo mais amplo de técnicos das STbs e membros das CETs e CMTs;
- preparar técnicos de STbs e membros de CETs e CMTs em um amplo espectro de habilidades, desde o domínio conceitual do Planfor e do Sistema Público de Emprego/Trabalho até aspectos fundamentais de sua operacionalização;
- propiciar a gradativa consolidação de quadros locais, que possam integrar/apoiar as STbs, CETs e CMTs, em diferentes momentos da implementação do Planfor e do Sistema Público se Emprego/Trabalho nas Unidades da Federação.

O Replanfor lançou as sementes desse processo. Foi desenvolvido um projeto maciço de preparação das equipes das STbs para elaboração dos Planos Estaduais de Qualificação e Requalificação de Trabalhadores (PEQs) 1999-2002, que chegou aos técnicos e técnicas das 27 STbs e membros das CETs e CMTs, com impacto claro na melhoria da qualidade das 27 minutas de PEQ 1999-2002, formuladas pelas STbs em articulação com as CMTs e submetidas à aprovação das CETs.

Realizou-se também um processo de preparação das CETs para a elaboração de seus Planos de Trabalho 1999-2002, que atingiu a totalidade das 27 CETs e favoreceu o processo de elaboração e aprovação destas até julho de 1999.

Trata-se, no entanto, apenas de um ponto de partida no processo desejado. A própria experiência do Replanfor mostra a necessidade de estratégias de preparação continuada e focada no desenvolvimento de equipes de STbs e membros de CETs e CMTs para gerir, acompanhar, supervisionar e avaliar, além da elaboração e execução dos PEQs, as demais dimensões da PPTR.

Daí a pertinência da continuidade desse esforço para assegurar:

- um melhor acompanhamento e supervisão pelo MTE/SPPE e pelas STbs da execução do Planfor e a continuidade da qualificação de membros das CETs e CMTs orientada ao melhor exercício de suas funções (em relação ao

Planfor e aos demais componentes da PPTR), focada no apoio à elaboração de seus planos de trabalho e, paralelamente;

- um reforço à qualificação de formadores e um avanço importante no desenvolvimento e articulação da rede de instituições responsáveis pela formação de formadores envolvidos na execução e construção da PPTR.

As STbs, CETs, e CMTs defrontam-se atualmente com um universo de tarefas há quatro anos inexistente, além de experimentar um crescimento explosivo. Multiplica-se também de maneira acelerada o número de pessoas envolvidas na gestão dessas tarefas.[5]

Do ponto de vista qualitativo, a qualificação de excelência para educadores profissionais, gestores, analistas e avaliadores de políticas de EP no contexto do Planfor torna-se necessária em razão

- da ruptura com paradigmas vigentes de EP e a necessidade de imaginar, desenvolver, gerenciar e avaliar a introdução e atualização permanente de novos conteúdos;
- do surgimento de novas clientelas, maior heterogeneidade das populações-alvo e a conseqüente urgência de criação, aplicação, gerenciamento e avaliação de estratégias inovadoras para a transmissão, apropriação e transferência das habilidades, competências e conhecimentos;
- do incremento quantitativo das pessoas atendidas pela EP e a necessidade de conceber, desenvolver, gerir e avaliar estratégias de organização para garantir um atendimento que não implique concessões em matéria de qualidade em virtude do cumprimento de metas quantitativas;
- da necessidade resultante de redefinição conceitual, metodológica e operacional de novos critérios de qualidade para um sistema maior, mais heterogêneo e mais dinâmico de EP.

O aperfeiçoamento conceitual, metodológico e operativo das equipes das STbs, CETs e CMTs torna-se crucial para atingir o exercício cada vez mais pró-ativo e fundamentado de suas tarefas e responsabilidades e para assegurar a médio e longo prazos um avanço crítico e reflexivo da PPTR integrada e dinamizada pelo Planfor.

---

5 Calcula-se que o número de técnicos que integram as equipes de qualificação das STbs passou de 350, em 1995, para 1.500, aproximadamente, em 1997 (Ver, MTb-SEFOR, Planfor – Programa Nacional de Qualificação do Trabalhador. Avaliação gerencial. 2º Ano do triênio. Resultados até 31.12.1997, FAT, Brasília, abril de 1998, p.6). Por outro lado, estimam-se em mais de 800 os integrantes das CETs, calculando-se 15 titulares e 15 suplentes em média para cada uma delas. Considerando-se que já existem mais de 2.000 CMTs com uma média de 20 integrantes (titulares e suplentes) em cada uma, o conjunto de pessoas que gerenciam a qualificação profissional poderia chegar a 45.000, e tende a crescer.

Cresce a demanda por processos formativos que contemplem tanto os imperativos de consistência, continuidade e gradualidade, como critérios de diversidade e flexibilidade nos aspectos temporal (oportunidade e duração de atividades), espacial (localização e circulação de pessoas e conteúdos) e substantivo (conteúdos e metodologias variáveis), ou seja, processos adequados à índole do Planfor e ao perfil dos atores envolvidos.

Tais processos devem ser concebidos como módulos de qualificação de alto nível, tendentes a formar pessoas dotadas de um grau superior de autonomia intelectual, científica e político-técnica, para o exercício de funções inovadoras e para gerar um salto qualitativo na produção de conhecimento sobre a formação de formadores e a gestão e avaliação da EP e da PPTR.

São indispensáveis iniciativas de qualificação de técnicos e outros atores do Planfor e das demais dimensões da PPTR, tanto mediante formação localizada e dirigida, como também mediante formação de pós-graduação *lato sensu*.

É fundamental, também, articular o conjunto das instituições nacionais de formação de formadores, promovendo a coordenação entre instâncias de qualificação de formadores desenvolvidas pelas diferentes agências da rede de educação profissional (REP). Nesse sentido, um "mapeamento" das iniciativas e projetos de formação de formadores de EP e PPTR será decisivo.

O conjunto de textos ora publicados pretende ser uma ferramenta útil para o avanço nas tarefas mencionadas.

Ayrton Fausto
Coordenador Projeto Replanfor
Flacso/Brasil
Brasília, dezembro de 1999.

Equipe do Replanfor que colaborou na elaboração da série PPTR: o autor coletivo

Coordenação

Ayrton Fausto (Flacso)
Cid Garcia (Flacso)
Myriam Sampaio (Flacso)
Silvia Yannoulas (Flacso)
Werner Ackermann (CNRS/CSO – França, Flacso)

Colaboradores

Alex Vargas (Flacso)
Alda Mazzotti (UFRJ, Flacso)
Arno Vogel (UENF, Flacso)
Carmem Mehedff (colaboradora *ad honorem* da Flacso)
Celia Camargo (UNESP, Flacso)
Daniel Cano (Flacso, UNL – Argentina)
Jorge da Silva (Flacso)
Luiz Antônio Cunha (UFRJ, Flacso)
Roberto Santos (UFPA, Flacso)
Stela Gabos (Flacso)
Francisco Cartaxo (Flacso)
José Henrique Meireles (Flacso)
Humberto Mariotto Neto (Flacso)
Ricardo Ribeiro (UNESP, Flacso)
Robson de Jesus (Flacso)
Vera Vogel (Flacso)

O projeto contou, ainda, com a colaboração, mediante convênio com Unesco/Orealc, de Elenice M. Leite.

Abreviaturas e siglas

ABC	Agência Brasileira de Cooperação
AAPCS	Associação de Apoio ao Programa Comunidade Solidária
Alast	Associação Latino-Americana de Sociologia do Trabalho
ALC	América Latina e Caribe
ADTEN	Programa de Apoio ao Desenvolvimento da Empresa Nacional/Finep
BASA	Banco da Amazônia SA
BB	Banco do Brasil
BNB	Banco do Nordeste
BNDES	Banco Nacional de Desenvolvimento Econômico e Social
Cadin	Cadastro Informativo de Créditos não Quitados
Caged	Cadastro Geral de Empregados e Desempregados
CET	Conselho/Comissão Estadual de Trabalho/Emprego
CCFGTS	Conselho Curador do Fundo de Garantia do Tempo de Serviço
CEF	Caixa Econômica Federal
Cegem	Coordenação Geral de Emprego/SPES
CGETIP	Coordenação Geral de Estatística do Trabalho e Identificação Profissional/SPES
CGFGTS	Coordenação Geral do Fundo de Garantia do Tempo de Serviço
CGSDAS	Coordenação Geral do Seguro-Desemprego e do Abono Salarial/SPES
CGOAF	Coordenação Geral de Orçamento e Administração Financeira do FAT/SPES
CGT	Confederação Geral dos Trabalhadores

Cinterfor/OIT	Centro Interamericano de Investigación y Documentación sobre Formación Profesional
CLT	Consolidação das Leis Trabalhistas
CMT	Conselho/Comissão Municipal de Trabalho/Emprego
CNAS	Conselho Nacional de Assistência Social
CNC	Confederação Nacional do Comércio
CNF	Confederação Nacional das Instituições Financeiras
CNI	Confederação Nacional da Indústria
CNT	Conselho Nacional do Trabalho
CNIS	Cadastro Nacional de Informações Sociais
CNTB	Conselho Nacional do Trabalho
Codefat	Conselho Deliberativo do Fundo de Amparo ao Trabalhador
CUT	Central Única dos Trabalhadores
Dieese	Departamento Intersindical de Estatísticas e Estudos Socioeconômicos
DRT	Delegacia Regional do Trabalho
EP	Educação Profissional
FAT	Fundo de Amparo ao Trabalhador
Finep	Financiadora de Estudos e Projetos
Flacso	Faculdade Latino-Americana de Ciências Sociais
FS	Força Sindical
Fundacentro	Fundação Jorge Duprat Figueiredo de Segurança e Medicina do Trabalho
GAP	Grupo de Apoio Permanente/CET
IBGE	Fundação Instituto Brasileiro de Geografia e Estatística
Incra	Instituto Nacional de Colonização e Reforma Agrária
IPEA	Instituto de Pesquisas Econômicas Aplicadas
Mercosul	Mercado Comum do Cone Sul
MPAS	Ministério da Previdência e Assistência Social
MTb	Ministério do Trabalho e Emprego (antiga denominação)
MTE	Ministério do Trabalho e Emprego (designação do MTb a partir de 1999)
Mudes	Fundação Movimento Universitário de Desenvolvimento Econômico e Social

NID	Núcleo de Informação e Documentação – MTE/SPPE
OIT	Organização Internacional do Trabalho
ONG	Organização Não Governamental
Orealc	Oficina Regional de Educação para América Latina e Caribe
PAGQ	Programa de Apoio à Gestão de Qualidade/FINEP
Pasep	Programa de Formação do Patrimônio do Servidor Público
PCPP	Programa de Crédito Produtivo Popular/BNDES
PEA	População Economicamente Ativa
PED	Pesquisa de Emprego e Desemprego/Dieese – Fundação Seade
PEQ	Plano Estadual de Qualificação Profissional
PIA	População em Idade Ativa
PIB	Produto Interno Bruto
PIS	Programa de Integração Social
Planfor	Plano Nacional de Qualificação do Trabalhador
PME	Pesquisa Mensal de Emprego/IBGE
PNAD	Pesquisa Nacional por Amostra de Domicílios
PPTR	Política Pública de Trabalho e Renda
Pré-Investimento	Programa de Pré-Investimento/Finep
Proeduc	Programa de Educação/Finep
Proemprego	Programa de Expansão do Emprego e Melhoria da Qualidade de Vida do Trabalhador/BNDES
Proep	Programa de Expansão da Educação Profissional
Proger	Programa de Geração de Emprego e Renda
Pronaf	Programa Nacional de Agricultura Familiar
Protrabalho/BNB	Programa de Expansão de Emprego e Melhoria da Qualidade de Vida do Trabalhador da Região Nordeste e Norte de Minas/BNB
QDD	Quadro de Detalhamento de Despesa
RAIS	Relação Anual de Informações Sociais
REP	Rede Nacional de Educação Profissional
RET	Rede Latino-Americana de Educação e Trabalho
SAAD	Subsecretaria de Assuntos Administrativos
SAEG	Sistema de Acompanhamento Estatístico e Gerencial do Seguro-Desemprego/SPES

SE	Secretaria Executiva
Sebrae	Serviço Brasileiro de Apoio a Micro e Pequenas Empresas
Sefor	Secretaria de Formação e Desenvolvimento Profissional (antiga denominação do atual Departamento de Qualificação Profissional da SPPE)
Senac	Serviço Nacional de Aprendizagem Comercial
Senai	Serviço Nacional de Aprendizagem Industrial
Senar	Serviço Nacional de Aprendizagem Rural
Senat	Serviço Nacional de Aprendizagem em Transportes
SESC	Serviço Social do Comércio
SESI	Serviço Social da Indústria
SEST	Serviço Social de Transportes
SFT	Secretaria de Fiscalização do Trabalho
Siafi	Sistema Integrado de Administração Financeira do Governo Federal
SINE	Sistema Nacional de Emprego
SPES	Secretaria de Políticas de Emprego e Salário (antiga denominação do atual Departamento de Emprego e Salário da SPPE)
SPO	Subsecretaria de Planejamento e Orçamento
SPPE	Secretaria de Políticas Públicas de Emprego do MTE
SPTR	Sistema Público de Trabalho e Renda
SRT	Secretaria de Relações do Trabalho
SSST	Secretaria de Segurança e Saúde no Trabalho
STb	Secretaria Estadual de Trabalho
Sudam	Superintendência de Desenvolvimento da Amazônia
TJLP	Taxa de Juros de Longo Prazo
TR	Termos de Referência
Sudene	Superintendência de Desenvolvimento do Nordeste
UF	Unidade Federativa
Unesco	Organização das Nações Unidas para Educação, Ciência e Cultura
Uniemp	Fórum Permanente das Relações Universidade–Empresa
Unitrabalho	Fundação Interuniversitária de Estudos e Pesquisas sobre o Trabalho

Introdução

Contexto Geral do Trabalho Realizado: O Planfor

Antecedentes: Estado da EP no Brasil em 1995 – as mudanças de estratégias e de concepção produzidas pelo Planfor[1]

Desde o início dos anos 90 desenvolve-se na América Latina e Caribe (ALC) o debate sobre a constituição de uma nova institucionalidade da Educação Profissional(EP).[2]

O modelo dominante de EP na ALC forjou suas principais características no contexto da política, da economia e da sociedade dos anos 40, embora alguns institutos sejam muito anteriores a essa data (a exemplo dos jesuítas e salesianos).

Estado populista, relações capital-trabalho tuteladas, economia protegida, indústria substitutiva de importações e avanço das teses da organização científica do trabalho foram fatores que contribuíram para a constituição e o fortalecimento de grandes instituições nacionais de EP, geridas pelo Estado e/ou

---

1 Os parágrafos seguintes resumem, com a autorização da autora, a análise apresentada no texto: LEITE, Elenice M. *O desfile dos atores no enredo da nova institucionalidade da educação profissional no Brasil*: um samba articulado?. Brasília, 1999. (mimeo).

2 A expressão "nova institucionalidade" é utilizada para designar o conjunto de entidades, atores, agências de EP, e também sua organização, seu modelo e forma de gestão. Ver, por exemplo: LONDOÑO, L. O. *Hacia una nueva institucionalidad en educación de jóvenes y adultos.* Unesco - Convenio Andrés Bello, Santiago, Chile, 1995; WEINBERG, P. D. *La construcción de una nueva institucionalidad para la formación.* Cinterfor-OIT, Montevideo, 1995. (mimeo).

pelo setor privado e com algum tipo de financiamento público assegurado (recursos orçamentários ou oriundos de contribuição compulsória).[3]

Esse modelo, embora tenha sido hegemônico, quase monopolista, não impediu o florescimento de uma ampla diversidade de atores e agências de EP em todos os países de ALC:[4] grupos laicos, religiosos ou comunitários, sindicatos, empresas, fundações, escolas privadas e universidades sempre atuaram, de diferentes modos, na qualificação e requalificação profissional.

Tais atores e agências, no entanto, mantiveram-se geralmente como soluções isoladas, presas a projetos assistencialistas ou simplesmente reprodutoras – às vezes em versão empobrecida – das instituições dominantes.[5]

Embora essas características apareçam em vários países da ALC, o Brasil pode ser tomado como um caso paradigmático da consolidação de um modelo institucional dominante da EP, concretizado na rede de escolas técnicas federais e estaduais, e no chamado Sistema S (formado pelos Serviços Nacionais de Aprendizagem) – Senai (indústria) e Senac (comércio/serviços), surgidos nos anos 40, e, mais recentemente, Senat (setor primário) e Senat (transportes).

Escolas técnicas e Sistema S praticamente tornaram-se a marca da EP no Brasil, representando, no contexto da ALC, um arranjo institucional mais consolidado e uma oferta de formação profissional mais diversificada e de qualidade.[6]

A crise da institucionalidade dominante na ALC situa-se a partir de meados dos anos 70, variando no tempo segundo os países, mas generalizando-se no bojo das novas tendências que marcam a economia e a sociedade latino-americana a partir dos anos 80.

A despeito da relativa capacidade de adaptação e atualização de cursos e programas, as instituições de EP, ou de educação em geral, não estavam preparadas para o novo paradigma de trabalho e qualificação exigido pelo setor produtivo no novo contexto de democratização, crise econômica e mudança no próprio conceito de emprego. Tais dificuldades podem ser sintetizadas em dois aspectos do modelo institucional dominante:

- gestão e financiamento – corroído pela inflação, sujeito a flutuações no orçamento público, chegando a ser extinto (casos do Chile e Peru), em função de processos de reforma tributária e de reestruturação do Estado;

3 Essa é, a rigor, uma síntese bastante simplificada dos modelos na ALC (para uma discussão mais detalhada, ver *Formación, trabajo y conocimiento*, Cinterfor-OIT, Montevideo, 1999).

4 Tendência também na Europa. (Ver JALLADE, J. P. *La formación profesional en Europa: principales tendencias y evoluciones*, 1999. (mimeo).

5 Utilizando, com poucas adaptações, seus materiais didáticos, ou buscando instrutores e docentes aposentados em seus quadros.

6 O Sistema S, em particular Senai e Senac, serviu de modelo para instituições semelhantes em vários países da ALC.

ausência de trabalhadores (caso do Brasil) questionada diante da recuperação de valores como democracia e cidadania e da própria reestruturação do setor produtivo;

- metodologia e organização pedagógica – lentidão ou rigidez diante de novos perfis profissionais demandados pelo setor produtivo; escala insuficiente diante da crescente demanda por formação contínua das empresas e da própria sociedade; dificuldade em lidar com novas clientelas (pequenos e microprodutores, autônomos, cooperados, mulheres).

Nesse processo, outros atores começam a ganhar protagonismo. Entre eles, os Ministérios de Trabalho, que passam a coordenar diferentes alternativas de EP, mobilizando não só as instituições tradicionais, dominantes, mas todo um conjunto de entidades efetiva ou potencialmente ofertantes de qualificação profissional.

No Brasil, a partir de meados dos anos 70, o Ministério do Trabalho (MTE) estruturou o Sistema Nacional de Formação de Mão-de-Obra (SNFMO), gerido pelo Conselho Federal de Mão-de-Obra (CFMO). Implementou também, por meio da Secretaria de Mão-de-Obra (SMO), projetos como o Programa Intensivo de Preparação de Mão-de-Obra (PIPMO), e programas ligados à Lei 6.297/75, que permitia descontos no imposto de renda para aplicação em formação profissional.

Esses projetos tiveram seu auge até o início dos anos 80, declinando em função da crise econômica, das reestruturações no MTE, e do fim do esquema de incentivos em 1990. Registraram ações de treinamento em massa, mas não chegaram a ter impactos sobre a institucionalidade dominante porque, ademais de sua concepção centralizada ("federal"), permaneceram, em matéria de execução, restritos ao Sistema S, especialmente Senai e Senac, representando, na verdade, uma forma de ampliação e financiamento dos programas normalmente oferecidos por essas entidades.[7]

Assim, no começo dos 90, o MTE deixou de atuar na área de EP, inclusive em função de seguidas reestruturações internas e fusões com outros ministérios, que praticamente desativaram projetos, órgãos e equipes ligados a essa área. Foi só com a regulamentação do Fundo de Amparo ao Trabalhador (FAT), que colocou o desafio de dinamizar o componente "qualificação profissional" no âmbito dos programas de geração de trabalho e renda, que o MTE começou a retomar a liderança na área.

---

7 Em 1980, o programa de treinamento incentivado pela Lei 6297/75 atingiu um total de 2,5 milhões de treinandos em todo o país, computados, em sua quase totalidade, como produção do Senai e Senac. LEITE, E. M. The failure of the Brazilian tax rebate scheme. *In Alternatives schemes of financing training*, GASSKOV, V. (ed.). ILO: Genebra, 1994.

O FAT foi regulamentado em 1990,[8] mas os programas de qualificação financiados pelo Fundo só foram implementados a partir de 1993, começando em escala modesta e com um enfoque restrito (treinamento exclusivamente para beneficiários do seguro-desemprego e de funcionários do Sine[9]).

O Planfor, estruturado e implementado a partir de 1995, impôs um novo rumo a esse processo, como proposta de dinamização dos programas de qualificação financiados pelo FAT, mas também com a ambição explícita de tratar a questão da EP como política pública, integrada à política pública de trabalho e renda (PPTR), reconhecendo e mobilizando novos atores e operando na construção de uma nova institucionalidade da EP no país.

O Planfor: Concepção e Objetivos Gerais

Objetivos gerais do Planfor:

- qualificar ou requalificar trabalhadores e trabalhadoras, desenvolvendo habilidades básicas, específicas e de gestão, que propiciem sua inserção ou reinserção no mercado de trabalho, melhoria da qualidade e da produtividade na produção de bens e serviços, elevação da renda pessoal e familiar e melhoria geral na qualidade de vida das comunidades a que pertençam;

---

8 O FAT - previsto na Constituição de 1988 (artigo 239) – foi regulamentado pela lei 7.998, de 1990. Essa lei, em seu Artigo 10, dispõe a vinculação do FAT ao então MTb e a destinação de seus recursos para custeio do Programa do Seguro-Desemprego (que inclui, além do seguro propriamente dito, programas de intermediação, qualificação profissional e informação sobre o mercado de trabalho), pagamento de abono salarial e financiamento de programas de desenvolvimento econômico (incluindo crédito popular). Seu artigo 11 estabelece, como fontes de recursos do FAT, contribuições sociais do setor público e do setor privado e incidentes sobre o faturamento das empresas (PIS, Pasep), além de multas sobre encargos devidos, juros e correção monetária de empréstimos. Em seis anos, até o final de 1996, o FAT atingiu um patrimônio superior a R$ 27 bilhões. É gerido pelo Codefat, organismo tripartite e paritário, com representantes do governo, empresários e trabalhadores (hoje quatro de cada categoria). Ver AZEREDO, B. *Políticas públicas de emprego, a experiência brasileira.* São Paulo: Abet, 1998. p. 124 (Teses & Pesquisas, v. 1).

9 O Sistema Nacional de Emprego (Sine) foi criado em 1975, pelo Decreto n. 76.409, visando promover equilíbrio entre oferta e demanda de mão-de-obra (*sic*), por meio de serviços de intermediação e de informação sobre o mercado de trabalho. Sua concepção atendia a projetos do MTE e à Convenção 88 da OIT, ratificada pelo Brasil, que trata dos serviços públicos de emprego. Pensado para operar de forma descentralizada, tornou-se um organismo centralizado, com uma coordenação no MTE e postos de serviço nos Estados, em parceria ou não com os governos estaduais. Seus resultados são considerados precários, mesmo com o apoio do FAT, que abriu amplas possibilidades de financiamento para o Sine – não suficientes, contudo, para compensar suas debilidades de concepção e infra-estrutura (AZEREDO, B. Op. cit., p. 60-62).

- elevar o nível de escolaridade da PEA, buscando, gradativamente, a erradicação do analfabetismo e a ampliação do contingente escolarizado, pelo menos no nível básico;
- contribuir para a redução das desigualdades sociais e regionais, para a preservação do meio ambiente e para a construção da solidariedade e da cidadania;
- combater todas as formas de discriminação, especialmente de gênero, idade, raça e cor, garantindo o respeito à diversidade;
- estimular e apoiar a ampliação da oferta de empregos e de oportunidades de geração de renda, buscando alternativas de trabalho autogerido, associativo ou em micro e pequenos empreendimentos.

Não é mera força de expressão afirmar que o Planfor foi concebido e implementado "a partir" de 1995. Sua concepção, embora balizada por alguns princípios básicos, foi – e continua sendo – um processo de construção coletiva, de pesquisa-ação, de conflito e busca permanente de consensos, envolvendo diversos atores, histórica ou recentemente interessados na questão do trabalho e qualificação: governo, empresários, trabalhadores, entidades de ensino, pesquisa e cooperação científica e assistência técnica.

Desde 1995, quando se colocou o desafio de dinamizar o componente "qualificação profissional" nos programas do FAT – e o Planfor nem sequer existia como programa ou sigla[10] – algumas idéias-chave têm estado presentes na sua concepção, estruturadas em três eixos: articulação institucional, avanço conceitual e apoio à sociedade civil, cujas premissas podem ser sintetizadas nos seguintes termos:[11]

- Avanço conceitual – construir e consolidar um novo enfoque metodológico e operacional da EP: complementar e não substitutiva da educação básica; com foco na demanda do setor produtivo – entendida como oportunidades ou potencialidades de trabalho e geração de renda, definidas a partir de interesses e necessidades de trabalhadores, empresários, comunidades; estruturada para a qualificação permanente da PEA – População Economicamente Ativa, levando em conta sua diversidade (de gênero, raça/cor, necessidades especiais); mudar o padrão da EP desenhada a partir da oferta de cursos disponíveis nas instituições; superar o viés assistencialista-contencionista que marca

10 A sigla Planfor começou a ser utilizada no final de 1996 e, apesar da rejeição de especialistas em mercado e comunicólogos, rapidamente disseminou-se e "pegou". Denominou-se inicialmente "Plano Nacional de Educação Profissional" e por obra dos mesmos especialistas, assim como para evitar confusões com outros programas de governo, passou, em 1997, a chamar-se "Plano Nacional de Qualificação do Trabalhador", mas sem mudar a sigla Planfor, que já havia "colado".

11 Educação profissional, um projeto para o desenvolvimento sustentado, MTE/Sefor 1995.

a história da formação profissional (formar pobres para trabalhar, tirar meninos da rua e ações de benemerência similares).

- Articulação institucional – reconhecer, articular e desenvolver os atores sociais relevantes para uma política pública de trabalho e geração de renda, consolidando e integrando uma rede nacional de EP (REP),[12] para atuar na qualificação permanente da PEA, em bases participativas e descentralizadas.
- Apoio à sociedade civil – promover ações de qualificação e requalificação do trabalhador, incluindo não só cursos e treinamentos mas assessorias, extensão, pesquisas e estudos, contemplando o desenvolvimento integrado de habilidades básicas, específicas e de gestão; incorporar a dimensão da escala, fundamental em países como o Brasil, com prioridade para grupos vulneráveis da PEA.[13]

Fundado nessas premissas, o objetivo do Planfor definiu-se nos seguintes termos: mobilizar e consolidar, gradativamente, uma oferta de EP suficiente para qualificar ou requalificar, anualmente, a partir de 1999, pelo menos 20% da PEA (cerca de 15 milhões de trabalhadores, em números atuais).[14]

A meta proposta implicava, em 1995, o desafio de multiplicar por quatro a oferta de EP, que não atingia mais que 5% da PEA (3,5 milhões de trabalhadores), mesmo juntando-se todas as entidades públicas e privadas atuantes na área. Para tanto, seria essencial articular toda a competência e os recursos disponíveis para EP do país, utilizando os recursos do FAT, antes de tudo, como "alavanca" ou "catalisador", mas não como única nem principal fonte de financiamento.[15]

---

12 Incluindo a oferta efetiva ou potencial de entidades públicas ou privadas, nacionais ou internacionais, governamentais, não governamentais ou intergovernamentais, abrangendo pelo menos os seguintes grupos de instituições: universidades, especialmente unidades de extensão; escolas técnicas federais, estaduais, municipais; fundações e organizações empresariais, em particular o "Sistema S"; sindicatos e organizações de trabalhadores; escolas profissionais livres; entidades comunitárias e outras organizações laicas ou confessionais.

13 Definindo-se vulnerabilidade em função de fatores de discriminação no mercado de trabalho e no próprio sistema dominante de EP: gênero, raça/cor, baixa escolaridade, pobreza, necessidades especiais de visão, audição, locomoção e mentais.

14 Esse percentual, utilizado como meta em países como Chile e Espanha, significa que, de cinco em cinco anos, um trabalhador passaria por algum programa de qualificação profissional. Em face das necessidades de formação e atualização profissional em contextos de mudança e modernização tecnológica, pode-se dizer que a meta do Planfor era (e é) modesta.

15 O objetivo do Planfor exige, desde que foi apresentado, um esforço contínuo de esclarecimento. Em primeiro lugar, para superar o entendimento mais imediato – e talvez interessado – de que seria objetivo do Planfor qualificar 20% da PEA com recursos do FAT, deixando de lado o componente de "articulação institucional". Em segundo, para enfatizar que o prazo para atingir essa meta seria "a partir de 1999" e não "em 1999". Em terceiro, para difundir a prática de revisão periódica de metas, sem que isso seja visto como inconstância ou falta de planejamento.

A articulação e a mobilização de uma rede ampla e diversificada de atores no campo da EP eram, assim, estratégias cruciais para o Planfor, colocando-se como condição para a meta fixada. A existência dessa rede, embora não dimensionada, bem como suas possibilidades de mobilização, não eram exatamente novidade no país.[16] A inovação buscada pelo Planfor, porém, era explorar e consolidar as potencialidades desses atores no campo da EP, promovendo sua gradativa reorientação para um novo modelo e um novo conceito de EP, conforme explicitado na proposta de avanço conceitual e apoio à sociedade civil.

Para implementação do Planfor, foram estruturados dois mecanismos, geridos pelo MTE, por meio da Sefor (herdeira da antiga SMO, e hoje integrada à SPPE como Departamento de Qualificação Profissional), sob homologação e deliberação do Codefat:

- PEQs – Planos Estaduais de Qualificação: elaborados e geridos pelas Secretarias Estaduais deTrabalho (STBs), sob diretrizes do Codefat e orientação técnica do MTE/SPPE, passando pela aprovação/homologação das Comissões/Conselhos Estaduais de Trabalho (CETs), por sua vez articuladas a Comissões/Conselhos Municipais de Trabalho (CMTs) – ambas tripartites e paritárias, como o Codefat. Os PEQs são constituídos por projetos e ações de EP (cursos, assessorias, estudos e pesquisas), executados pela REP local, contratada pela STb na forma da legislação vigente, com recursos do FAT repassados mediante convênios entre o Estado e a União (MTE-STb).
- Parcerias Nacionais e Regionais: do MTE com organizações não governamentais (ONGs), sindicatos de trabalhadores, fundações, universidades, outros ministérios, entidades internacionais, para projetos e ações inovadoras de EP, em escala nacional ou cobrindo mais de uma unidade federativa, com recursos repassados mediante convênios ou acordos de cooperação técnica.

A rigor, PEQs e parcerias praticamente foram construídos no processo de implementação do Planfor, mesmo no caso de organismos existentes na estrutura de governo ou previstos na legislação do FAT. Planejar, gerir, executar e avaliar projetos e programas de EP, em bases descentralizadas – tudo isso passou a exigir, desse coletivo de atores, novos papéis e competências, assim como processos de revisão e reorientação do foco institucional, com todas as dores e os conflitos que um processo dessa natureza costuma acarretar.

---

16 O Senai-SP, no final dos anos 80, mobilizou amplamente entidades comunitárias para programas considerados de cunho social, chegando a ter mais de 400 convênios nessa linha. Ver LEITE, E. M. La función social del Senai. In GALLART, M. A. (ed.). *La formación para el trabajo en el final del siglo; entre la reconversión productiva y la exclusión social.* Buenos Aires: CIID-Cenep, Orealc/Unesco, Red Latinoamericana de Educación y Trabajo, 1995.

A seguir, uma síntese de resultados globais do Planfor, no período 1996-98, destacando suas implicações para o amplo e diversificado conjunto de atores envolvidos na gestão, execução, avaliação dos programas e projetos.

Além da reflexão que deriva de um processo de pesquisa-ação, a principal fonte dos dados apresentados são os mecanismos de acompanhamento gerencial e avaliação externa do Planfor, que foram concretizados em quatro níveis de intervenção: supervisão local do PEQ, pela STb, em cada unidade federativa; a supervisão nacional de PEQs e parcerias, pelo MTE/SPPE; avaliação externa de cada PEQ, conduzida por universidades, em sua maioria públicas; avaliação externa do Planfor, conduzida por consórcios de universidades.[17]

Planfor: Resultados 1996-98

Partindo, em 1995, de uma oferta estimada de EP suficiente para atender 5% da PEA – incluindo toda a produção das redes de ensino técnico público e privado, do Sistema S, do ensino profissional livre, de ONGs, sindicatos, fundações, universidades – chega-se a 1998 com atendimento equivalente a 10% da PEA (7 milhões de trabalhadores). Esse avanço reflete, em grande parte, a implementação do Planfor, garantida pelos recursos do FAT. Mas a REP financiada com outros fundos públicos e privados garante, como esperado e desejado, a maior fatia da oferta de EP no país.

O saldo do Planfor, de 1995-98, acumula 5,7 milhões de trabalhadores qualificados, com investimento total de R$ 1 bilhão do FAT, repassados a Estados e demais parceiros. Estima-se que a oferta da REP, com outros fundos públicos e privados, chegue a 16,8 milhões de trabalhadores, com investimento total de R$ 9,5 bilhões. Ao todo, portanto, mais de 22 milhões de trabalhadores foram beneficiados por programas de qualificação profissional no período 1995-98, com investimentos acima de R$ 10 bilhões (Tabela 1).

Além do indispensável fluxo de recursos do FAT, considera-se que esse resultado foi viabilizado porque se conseguiu, efetivamente, mobilizar uma ampla rede de executores de EP. O Planfor contou com 500 entidades executoras em 1996, 830 em 1997 e 1.300 em 1998. Esse número é altamente subestimado, pois leva em conta o executor principal, responsável pelos contratos, e não todo o conjunto de parcerias formadas para cada projeto. Ainda assim,

17 Dois projetos de avaliação nacional do Planfor foram levados a cabo no período: um a cargo da Unitrabalho (Fundação Interuniversitária de Estudos e Pesquisas sobre o Trabalho), um consórcio de mais de 60 centros de estudos e pesquisas sobre trabalho, e outro do Uniemp (Fórum Permanente das Relações Universidade-Empresa), representando, respectivamente, a perspectiva de trabalhadores e de empresários na avaliação nacional do Planfor.

permite esboçar um desenho possível de uma nova institucionalidade da EP, juntando diferentes atores, novos e antigos protagonistas (Tabela 2). Alguns aspectos devem ser destacados:

- O maior executor do Planfor é a universidade, pública e privada (incluindo suas fundações e institutos), que ganhou espaço privilegiado em função da realização de estudos e pesquisas nos PEQs[18] e em parcerias com o MTE, em especial nos projetos de avaliação estadual e nacional. Tem também contribuição marcante no desenvolvimento de metodologias e projetos inovadores, geralmente em parceria com ONGs, sindicatos e escolas técnicas – o que, de certa forma, subestima a participação dessas instituições no Planfor. A universidade, por razões de competência, infra-estrutura e requisitos legais,[19] assumiu com freqüência a gestão/coordenação de projetos envolvendo múltiplos atores-executores.
- A elevada participação de centrais e sindicatos de trabalhadores – segundo maior executor do Planfor – assinala uma escala e um tipo de atuação inédito na história da EP e do próprio movimento sindical no país. Os sindicatos atuaram tanto em projetos dos PEQs, como em parcerias com o MTE, que serviram em grande parte como "pontapé" inicial para a mobilização desse novo ator.
- A participação expressiva – mas não dominante – do Sistema S contraria agouros e expectativas.[20] Todas as entidades do Sistema – Senac-Sesi, Senac-Sesc, Senar, Senat-Sest, Sebrae – participaram, isoladamente ou em parcerias com ONGs, sindicatos e universidades, de projetos dos PEQs; houve algumas parcerias nacionais com essas entidades, no período.
- Embora pouco expressiva, a presença de organizações internacionais, geralmente em parcerias com o MTE, sinaliza novas potencialidades da cooperação científica e técnica internacional, como instrumento efetivo de apoio e desenvolvimento dos organismos que dela se beneficiam.

Tão ou mais relevante que os números apresentados foi o aprendizado desse processo, em termos de dificuldades, intervenções e avanços na articulação pretendida.

---

18 Cerca de 10% dos recursos dos PEQs 96-98 foram investidos, por diretriz do Codefat, em estudos e pesquisas sobre o mercado de trabalho, metodologias e avaliação (incluindo acompanhamento de egressos).

19 Universidades públicas são dispensadas de licitação, podendo ser contratadas com maior facilidade.

20 O Planfor era acusado, de um lado, de ter sido formulado com o objetivo de repassar recursos do FAT para financiar o Sistema S e, de outro, de não levar em conta devidamente o Sistema S – e talvez escolas técnicas federais – como sua principal ou única base de execução "descentralizada", aproveitando a ampla rede dessas entidades.

Tabela 1 – Brasil – 1995/98: treinandos (T) e investimentos (R$) em educação profissional

Ano	Planfor/FAT*		Outras agência		Total	
	T	R$ milhões**	T	R$ bilhões***	T	R$ bilhões
1995	0,1	28	3,4*	2,2	3,5*	2,2
1996	1,2	220	3,9*	2,3	5,1*	2,5
1997	2,0	348	4,5	2,4	6,5	2,8
1998	2,4	409	5,0	2,6	7,2	3,0
95/98	5,7	1.005	16,8	9,5	22,5	10,5

* Resultados atingidos (em milhões de treinandos); os demais são previsões.

** Recursos do FAT repassados para PEQs e parcerias, sem computar contrapartidas de Estados e parceiros (20% em média).

*** Estimativas baseadas no orçamento anual do Sistema S e de escolas técnicas federais/estaduais.

Tabela 2 – Planfor – 1997-98: distribuição dos recursos do FAT segundo grupos de entidades executoras dos programas*

Entidades executoras dos programas	1997	1998
Universidades, fundações, institutos públicos	21%	25%
Centrais e sindicatos de trabalhadores	20%	24%
Universidades, fundações, institutos privados	18%	15%
Sistema S	17%	18%
ONGs	12%	12%
Escolas técnicas públicas e privadas	11%	3%
Outras entidades (empresariais, internacionais)	1%	3%
Total	100%	100%
Total de recursos do FAT investidos (R$ milhões)	348,2	408,8

* Esse tipo de classificação só está disponível a partir de 1997, como resultado do acompanhamento gerencial do Planfor.

Esse aprendizado diz respeito, naturalmente, não só ao elenco de atores envolvidos na execução do Planfor, mas também ao Codefat, MTE/Sefor, STBs e CETs/CMTs.

Muitas das dificuldades e intervenções apontadas, contudo, não são específicas do Planfor, mas podem muito bem aplicar-se a qualquer projeto que implique descentralização, participação e negociação, em contextos históricos caracterizados por fortes resquícios de autoritarismo na ação estatal e debilidade da sociedade civil.

A atividade do Planfor se desenvolveu em todos os estados da federação com prioridade para regiões metropolitanas e grandes centros urbanos, com altos índices de desemprego. Em 1996, foram atendidos 2.614 municípios e, em 1997, 3.843 municípios em todas as unidades da federação.

Objetivos gerais do componente do projeto Replanfor: formação de formadores do Planfor para apoiar a elaboração dos PEQs 1999/2002

O apoio à elaboração dos PEQs plurianuais 1999/2002 foi concebido com um tríplice propósito:

- De forma imediata, devia servir ao aprimoramento dos mecanismos de implementação do Planfor. Melhorar a qualidade dos PEQs, infundindo-lhes cada vez mais o espírito da política, expresso em seus conceitos e diretrizes, constituiria, nesse sentido, um passo necessário e urgente.
- A consolidação do Planfor como política de Estado, imune às vicissitudes dos processos eleitorais brasileiros, supõe a formação de massa crítica capaz de assegurar sua tradução prática, reprodução e aperfeiçoamento na esfera estadual. Capacitar os escalões técnicos das STBs envolvidos com a área de qualificação profissional constituiria, pois, um movimento estratégico nessa direção.
- Finalmente, a cooperação entre os técnicos da Secretaria de Trabalho – responsáveis pela elaboração do PEQ 1999-2002 e formulação da minuta a ser apresentada à CET – e conselheiros da CET, indicados pelas três bancadas, na preparação da reunião da Comissão Estadual de Trabalho, que analisaria a proposta de minuta do PEQ plurianual 1999-2002 e respectivo detalhamento para 1999, pretendia favorecer uma maior/melhor integração entre a equipe da Secretaria do Trabalho e os conselheiros, contribuindo para a superação de focos de conflito ou tensão.

Esses objetivos foram articulados numa ação que visava, ao mesmo tempo, ao aperfeiçoamento da elaboração e gestão dos PEQs, proporcionando às equipes técnicas dos Estados a proficiência conceitual e operacional, indispensável ao cumprimento de suas tarefas, e ao reforço do papel das CETs na elaboração e gestão tripartite e paritária da PPTR.

1
Metodologia

Metodologia geral de qualificação para o planejamento da elaboração dos PEQs 1999-2002

O modelo metodológico adotado baseia-se na Metodologia Flacso/Unesco/MAB para o planejamento e gestão integrada de programas e projetos, que tem um caráter mais de metodologia de trabalho do que de metodologia teórica (ou especulativa). Assume, para que essa premissa seja concretizada, uma dimensão "participativa", como um procedimento inerente ao planejamento, pressupondo que planos estratégicos, elaborados sob a ótica de participação, têm maiores chances de sucesso para a realização de metas definidas *a priori* do que planos normativos.

Nessa medida, sua aplicação implica uma estratégia de operação e uma seqüência lógica de tratamento de caso que, em linhas gerais, podem ser assim descritas:

- **Estratégia de operação:**
  - forma grupal de apreensão e resolução de tarefas de planejamento e gestão;
  - inclusão, na medida do possível, de todos os atores envolvidos;
  - inclusão, na medida do possível, de atores com perfis interdisciplinares;
  - interação co-participativa com outros atores envolvidos no processo em questão.

- **Seqüência lógica**:
  - diagnósticos da situação atual (deficiências, riscos, potencialidades e restrições) e de suas tendências em relação ao projeto;

- identificação e estruturação preliminar dos problemas que constituem a problemática de gestão a ser resolvida;
- análise dos processos atinentes e elaboração do modelo integrado de processamento dos problemas identificados e de suas possíveis soluções;
- definição preliminar das estratégias de ação;
- identificação de atores envolvidos e análise de seus atributos e relações mútuas;
- projeto e programação das estratégias de ação de curto e médio prazos;
- projeto do modelo de monitoração e dos instrumentos/ações para acompanhamento da implementação das estratégias;
- avaliação dos resultados, refinamento dos procedimentos e instrumentos de planejamento e gestão, atualizando a programação.

Essa metodologia, testada em mais de 200 eventos em diversos países da América Latina (principalmente no Brasil), tem as seguintes características:

- é prática, simples e de baixo custo;
- estabelece um espaço democrático para a negociação entre os participantes, favorecendo a criação de atores coletivos, comprometidos com as mudanças estratégicas propostas;
- tem como campo de aplicação a conjuntura, incorporando o conceito de avaliação e reprogramação permanentes;
- exige a crítica responsável, abrindo espaços para a formulação de propostas de solução de problemas;
- define "problema" como a distância entre a situação atual e a imagem-objetivo, definida pelos participantes;
- dispõe de técnicas acessíveis a participantes de qualquer nível de escolaridade;[1]
- resulta na elaboração de produtos e programações em tempo real passíveis de realização imediata.

Esse desenho metodológico foi adaptado a todas as etapas dos seminários e oficinas – segundo as particularidades de cada etapa e dos atores envolvidos –, com maior ou menor ênfase, seja na estratégia de operação, seja na seqüência lógica, mas sempre respeitando suas premissas e seus pressupostos básicos.

1 Essa característica resultou fundamental nesse programa específico de qualificação, já que a diversidade dos atores envolvidos era grande.

Metodologia específica de qualificação para o planejamento da elaboração dos PEQs 1999-2002

A versão adaptada dessa Metodologia para o Programa de Qualificação das equipes de qualificação profissional das STBs compreendeu as seguintes etapas:

Primeira etapa: apoio à programação do planejamento do PEQ Plurianual 1999-2002

Os participantes previstos eram os responsáveis e o conjunto de técnicos que desenvolviam os PEQs em cada Estado.

Fixou-se como objetivo central a elaboração da minuta do PEQ plurianual 1999-2002 e do detalhamento do plano para o ano de 1999, de acordo com as novas propostas e diretrizes de planejamento e execução para os PEQs, que estavam sendo debatidas no Codefat.

Essas propostas, em sua maioria, davam ênfase à reintegração aos PEQs de princípios estabelecidos no Planfor que haviam sido, em alguns casos, paulatinamente abandonados na formulação dos sucessivos planos.

Essa fase foi subdividida em duas partes: um seminário e uma oficina.

- **Seminário: seus princípios político-pedagógicos**

Tinha a finalidade de conduzir a equipe de participantes a uma avaliação específica da formulação e desenvolvimento dos PEQs executados nos anos anteriores.

Foi elaborado um questionário de auto-avaliação dos PEQs 1996/1998 (ver Capítulo 2), que levantava questões sobre como o PEQ lidava com os aspectos do Planfor, considerados fundamentais para a manutenção de sua coerência e integridade, consagrados nas resoluções do Codefat, principalmente na Resolução 126.

Essa tarefa cumpria diversas finalidades na continuidade do Projeto:

a) Rememorava coletivamente o processo de elaboração e implementação dos PEQs dos anos anteriores.

b) Desse modo, fazia que, em alguns casos pela primeira vez, as equipes de técnicos das STBs avaliassem e debatessem os processos de elaboração dos PEQs 96/98.

c) Confrontava os princípios do Planfor com aqueles utilizados pela equipe na elaboração do PEQ. O modo como o questionário estava construído dava como pacífico que aqueles princípios deveriam ter sido obedecidos. Assim, quando o foram, avaliava-se oralmente o que havia ocorrido.

d) No decorrer desse confronto, introduziam-se esses princípios como tema principal do seminário, visto que eram os mesmos contidos na nova proposta de diretrizes de planejamento.

e) Abria caminho para que a equipe tivesse as experiências anteriores claramente presentes por ocasião da elaboração da minuta do PEQ plurianual do próximo quadriênio.

Preferencialmente, essa tarefa era cumprida em grupos, de modo que as divergências entre eles permitissem debates heurísticos.

Dando seguimento a uma aproximação sistemática dos objetivos de apoio à elaboração do PEQ, seguia-se uma exposição resumida sobre o Planfor, realizada com o apoio de transparências, na qual, mais uma vez, eram destacados seus princípios fundamentais e integradores. Ao final da exposição, abria-se o debate em plenário, ocasião em que os referidos princípios eram, novamente, discutidos.

Em seguida, os participantes eram submetidos a uma exposição detalhada das propostas de diretrizes, ainda em discussão no Codefat, para o próximo PEQ plurianual.

Nesse processo, tais diretrizes eram analisadas e discutidas acuradamente e comparadas com as vigentes na época, ocasião em que os participantes podiam verificar que havia poucas mudanças entre ambas e que as mudanças, mais que nada, colocavam maior ênfase nos já citados princípios fundamentais e integradores do Planfor, isto é, insistiam em sua plena reintegração ao PEQ 1999-2002.

Em seguida, os participantes realizavam a comparação entre a proposta de planejamento contida no projeto de nova resolução e as diretrizes contidas no documento "Guia de Planejamento e Execução", formulado para o PEQ 1996/1998, apontando as mudanças que deveriam ocorrer. Com isso, estariam refazendo o processo de planejamento anual, agora antecipando as conseqüências dessas novas propostas de diretrizes na elaboração do PEQ 1999-2002.

Esse trabalho ensejava que as equipes de Qualificação Profissional das STBs formulassem um esboço das estratégias gerais a serem adotadas na elaboração e implementação do PEQ 1999-2002.

Essa tarefa era realizada em debates coletivos e registrada em álbuns seriados para oferecer a todos a oportunidade de construir acordos sobre cada proposta.

A equipe de Qualificação Profissional deveria planejar, até o início da segunda fase do trabalho em seu Estado, o detalhamento do PEQ 1999, reintroduzindo nele os princípios fundamentais e integradores do Planfor.

O Seminário encerrava-se com as explicações relativas aos critérios e prazos de coleta das experiências inovadoras em todos os contextos do PEQ 1996-1998, que deveria ser realizada pela STb.

- **Oficina: preparação das reuniões com as CETs**

A Oficina tinha a finalidade de preparar a reunião da CET, que analisaria a minuta do PEQ plurianual 1999-2002 e seu respectivo detalhamento para 1999.

Compunha-se de:

a) Definição do processo e cronograma preliminar de elaboração da proposta do PEQ 1999-2002 e do detalhamento da parte relativa ao ano de 1999, definição da estrutura do documento e programação da segunda etapa do projeto no Estado, incluindo a definição dos seguintes aspectos:

- objetivos, duração e dinâmica da oficina proposta;
- documento de base: prazos e responsáveis por sua elaboração;
- definição dos participantes da STb e das bancadas da CET;
- data, local, convites, apoio e infra-estrutura para a oficina.

b) Levantamento, refinamento e propostas de soluções, dos/aos problemas previsíveis para a elaboração do PEQ 1999-2002, com vistas a ajustar o processo e o cronograma anteriormente definidos.

- **Agendas típicas**

Seminário

1 – Apresentação dos participantes e da equipe da Flacso.

2 – Apresentação da Flacso.
  - Exposição

3 – Apresentação do projeto Replanfor.
  - Exposição:
    - Parceria ABC/MTE – Flacso
    - Objetivos
    - Produtos

4 – Apresentação do trabalho a ser desenvolvido.
  - Exposição

5 – Balanço do PEQ 1996-1998.
  - Balanço realizado oralmente por um participante da equipe da Secretaria. Objetivo:
    - Informar e/ou recordar a toda a equipe o processo de elaboração e desenvolvimento do PEQ, nos três anos anteriores, comentando os principais pontos positivos e problemáticos.

- Balanço escrito e sua discussão, com a utilização do questionário denominado "Balanço do PEQ 1996-1998".
- Trabalho em grupo(s).
  Objetivos:
  - Analisar, à luz dos conceitos que presidem o Planfor, o planejamento, a execução e as diversas formas de acompanhamento e avaliação do PEQ em exercício.
  - Caso exista mais de um grupo, cada um preencherá um questionário e, posteriormente, as respostas serão comparadas em plenária. Havendo discordância nas respostas, estas serão discutidas e avaliadas, o que aprofundará ainda mais o balanço realizado.
  - Existindo apenas um grupo, as respostas serão lidas em plenária e justificadas.

6 – O Planfor.

- Exposição com apoio de transparências.
  Objetivo:
  - Analisar a localização no contexto institucional, as características, os conceitos básicos, as estratégias e mecanismos de implementação, as dificuldades, e as perspectivas futuras do Planfor.

7 – Conceitos e diretrizes propostas para o PEQ 1999-2002.

- Exposição.
  Objetivo:
  - Apresentar, preliminarmente, as propostas formuladas pelo MTE, sobre os conceitos e diretrizes para o planejamento do PEQ 1999-2002.
- Trabalho em grupo(s).
  Objetivo:
  - Por intermédio de leitura dirigida, os participantes deverão estudar o documento "Conceitos e diretrizes gerais para planejamento plurianual" e anotar todas as dúvidas surgidas.
- Debates.
  Objetivos:
  - Debater os principais pontos do documento.
  - Esclarecer as dúvidas.
  - Comparar os conceitos e diretrizes do PEQ atual com os propostos no documento.
  - Antever as modificações para o planejamento do PEQ 1999-2002, por intermédio do confronto dos conceitos e diretrizes propostos com aqueles contidos no documento "Guia de Planejamento e Execução".

8 – Levantamento preliminar das grandes diretrizes da Secretaria, para o PEQ 1999-2002.
- Trabalho em plenária.

  Objetivo:
  - Discussão preliminar sobre as grandes diretrizes que nortearão a elaboração do PEQ.

9 – Experiências inovadoras.
- Exposição.

  Objetivo:
  - Explicação das sugestões de critérios e prazos para o envio das experiências inovadoras realizadas pela Secretaria, durante a realização do PEQ 1996-1998.

Oficina

1 – Definição do processo e cronograma preliminar de elaboração da proposta do PEQ 1999-2002 e de detalhamento da parte relativa ao ano de 1999.

2 – Definição da estrutura do documento.

3 – Programação da segunda etapa, incluindo a definição dos seguintes aspectos:
- Objetivos, duração e dinâmica da oficina proposta
- Documento de base, prazos e responsáveis por sua elaboração
- Definição dos participantes da STb e das bancadas da Comissão Estadual de Emprego
- Data, local, convites, apoio, infra-estrutura para a oficina

4 – Levantamento, refinamento e propostas para soluções dos problemas previsíveis para a elaboração do PEQ 1999-2002.

Objetivo:
- Conduzir o grupo a debater soluções para os problemas previsíveis e definir as ações básicas decorrentes.

5 – Ajuste do processo e do cronograma preliminar elaborado no item 1.

Segunda etapa: oficina e reunião da equipe de Qualificação Profissional com a CET para análise da minuta do PEQ plurianual 1999-2002 e seu detalhamento para 1999

Participaram os técnicos da equipe de Qualificação Profissional das STBs e conselheiros das CETs, indicados pelas três bancadas.

Os objetivos eram:

- analisar e discutir a minuta do PEQ 1999-2002, recolhendo sugestões dos conselheiros da CET;
- favorecer uma maior e melhor integração entre a equipe de técnicos da STb e os conselheiros, contribuindo para a superação de eventuais focos de conflito ou tensão. Em quase todos os Estados as equipes técnicas nunca haviam participado de uma reunião da CET. Conseqüentemente, a reunião entre ambos os atores representou uma importante inovação introduzida pelo projeto.

O principal motivo para essa reunião era a queixa reiterada pelos conselheiros de que, sistematicamente, o tempo para a análise das minutas dos PEQs era muito exíguo. Apontavam que, muitas vezes, dispunham apenas de poucas horas para examinar pela primeira vez o documento, e precisavam aprová-lo sob a pressão de que, caso não o fizessem, atrasariam muito o início da chegada dos recursos.

Nas experiências piloto, logo perceberam os potenciais efeitos positivos dessa iniciativa, vislumbrando-se a possível ampliação da participação dos conselheiros na elaboração e no acompanhamento dos PEQs. Em alguns Estados, essa reunião tornou-se o embrião da constituição de comissões internas especiais nos CETs, que ficaram a cargo da qualificação profissional.

Essa percepção motivou a inserção de novas atividades nessa segunda etapa:

a) Exame prévio da minuta de PEQ, preparada pelos técnicos.

b) Apresentação do Replanfor aos conselheiros.

c) Análise e discussão da Resolução 194/98 com os técnicos e conselheiros.

d) Registro e incorporação das sugestões dos conselheiros.

e) Estudo das modificações sugeridas e sua introdução na proposta de PEQ a ser enviada ao MTE.

- **Agenda típica da segunda etapa de apoio à elaboração do PEQ plurianual 1999/2002**

Primeiro dia

Leitura dirigida, em grupo, da Resolução n.194/98 e das diretrizes de planejamento: discussão e esclarecimentos.
Tempo previsto: todo o dia.

Segundo dia

Apresentação, pela equipe da STb, da minuta de PEQ 1999/2002.

Leitura pela equipe da Flacso.
Debates e, caso os técnicos da STb assim o desejem, sugestões e participação na reformulação do documento.
Tempo previsto: todo o dia.

Terceiro dia
Continuação da revisão da minuta do PEQ e preparação da reunião com a CET.
Coleta de textos, fotografias e vídeos das experiências inovadoras.
Tempo previsto: todo o dia.

Quarto dia
a) Coordenação da reunião com a CET.

- Exposição sobre a Flacso.
- Exposição do Projeto Replanfor (distribuição do documento do MTE "O que é o Replanfor").
- Síntese da Resolução n.194/98, comparada à Resolução n.126, e das novas diretrizes de planejamento.

Tempo previsto: período da manhã.

- Exposição do Projeto de Qualificação das CETs.
- Exposição e esclarecimentos sobre a minuta do PEQ, pela equipe técnica da STb.
- Propostas dos membros da CET.

b) Avaliação geral do trabalho da semana.

Tempo previsto: período da tarde ou o uso da manhã do quinto dia.

Participantes:

- Técnicos da Secretaria de Trabalho, responsáveis pela elaboração do PEQ 1999-2002 e formulação da minuta a ser apresentada à CET;
- membros da CET, indicados pelas três bancadas.

Objetivos: análise e discussão da minuta do PEQ 1999-2002, recolhendo sugestões dos membros da CET, visando a sua posterior aprovação formal, para encaminhamento ao MTE.

Descrição geral do trabalho realizado (execução)

O projeto teve início formal em 22 de junho de 1998, mas algumas atividades, que não demandavam custos, já estavam sendo realizadas antecipadamente, sempre em conjunto com a equipe da MTE/Sefor.

A estratégia de execução adotada teve como principais ações:

- seleção do pessoal do projeto – quatro técnicos para a coordenação, oito para as equipes de campo, cinco consultores e duas secretárias – realizada por meio do exame de currículos e de entrevistas;
- desenvolvimento do planejamento do projeto;
- estudo e discussão sobre os conteúdos teóricos da PPTR e, particularmente, sobre a segmento da Educação Profissional e do Planfor;
- escolha de textos que forneceram suporte substantivo às oficinas (ver Capítulo 2 e Bibliografia);
- preparação e realização de oficinas de treinamento das equipes de campo;
- a definição dos trabalhos com cada consultor;
- contatos para a realização de experiências piloto em estados determinados (4);
- contatos para a realização das atividades nos demais estados (23);
- realização dos seminários/oficinas – primeira etapa do trabalho – das experiências piloto e reuniões de avaliação concomitantes (4);
- realização das oficinas – segunda etapa – das experiências piloto e reuniões de avaliação concomitantes (4);
- refinamento definitivo da metodologia a ser empregada no campo;
- seminários/oficinas nos demais estados (23);
- seminário interno para a avaliação e reprogramação da segunda etapa nos estados;
- relatórios da primeira etapa do trabalho (27);
- realização das oficinas nos demais Estados (23);
- realização da terceira etapa nas Unidades da Federação onde se realizaram as experiências piloto (4);
- seminário interno de avaliação do trabalho realizado nos Estados;
- relatórios finais do trabalho nos Estados (27);
- apoio à organização e à participação no I Congresso Brasileiro de Educação Profissional;
- elaboração de minuta do novo Guia do Planfor;
- aplicação preliminar do teste de consistência às propostas de PEQs elaboradas nas UFs (26);
- organização e realização, em conjunto com o MTE/SPPE, de oficinas regionais (3) com participação das 27 STBs e 27 CETs para discussão do novo Guia do Planfor e programação da etapa final de aprovação dos PEQs plurianuais 1999/2000 e dos PEQs 1999.

Preparação das equipes de campo e consultores e refinamento da metodologia de trabalho

A preparação das equipes de campo foi realizada, após a seleção dos seus integrantes e dos demais consultores, em duas etapas.

A primeira etapa ocorreu por intermédio de uma oficina de equalização das informações para todos os participantes do projeto. Nessa ocasião também foram aperfeiçoados os termos de referência e planejamento de execução das demais atividades do projeto.

Durante cinco dias, os participantes receberam, e debateram, informações concentradas, ministradas pela Coordenação do Replanfor e por membros da MTE/Sefor, sobre as finalidades do Replanfor, a PPTR, os novos paradigmas da Educação Profissional, o Planfor, as propostas em discussão no Grupo de Apoio Permanente – GAP – do Codefat, e sobre o desenvolvimento das discussões para a elaboração de uma nova resolução para Qualificação Profissional, já que a vigente, a Resolução n.126, norteadora dos primeiros anos do Planfor, seria substituída para o quadriênio 1999/2002.

Por fim, deu-se continuidade ao refinamento da proposta inicial de metodologia, elaborada pela Coordenação do Replanfor, para a realização do trabalho de campo.

A segunda etapa de preparação, destinada só à equipe de campo, deu-se por intermédio de sua participação em quatro experiências piloto e respectivas reuniões de avaliação e aperfeiçoamento, levadas a cabo logo após o término de cada evento.

Foram selecionados como sedes o Distrito Federal e os Estados do Rio de Janeiro, Ceará e Sergipe, de acordo com critérios estabelecidos pelo MTE/Sefor e a Coordenação do Projeto e com a anuência dos Secretários de Trabalho destas UFs.

Eram três as principais finalidades dessas experiências piloto:

- dar continuidade ao treinamento da equipe;
- testar a metodologia do trabalho de campo e aperfeiçoá-la; e
- realizar o projeto propriamente dito nessas quatro UFs.

Em cada uma delas foram aplicados e testados os métodos, técnicas e materiais instrucionais elaborados. Nas avaliações foram simuladas novas técnicas de trabalho e discutidos os resultados obtidos. Todas as experiências piloto foram conduzidas pela Coordenação.

Assim, a preparação da equipe de campo, que participou de pelo menos duas das três primeiras experiências piloto,[2] foi encerrada com uma oficina

2 A experiência piloto no Estado de Sergipe foi levada a efeito posteriormente e contou com a participação de membros da Coordenação do Projeto.

específica. Os técnicos compuseram, dois a dois, quatro equipes, cada uma responsável pela realização do trabalho em seis Estados.

O trabalho em campo foi programado em duas fases: um seminário/oficina (40 horas) na primeira e, posteriormente, uma oficina(40 horas) completava a intervenção do projeto em cada Estado. Ambas ocuparam uma semana de trabalho em tempo completo.

Cronograma (planejado e realizado)

A primeira fase das experiências piloto iniciou-se no Distrito Federal, no período de 6 a 10 de julho; a segunda, no Rio de Janeiro, de 13 a 17 de julho; a terceira, no Ceará, de 20 a 24 de julho; a quarta, em Sergipe, de 10 a 14 de agosto.

A fase seguinte – segunda semana de atividades – foi cumprida na mesma ordem da inicial. No Distrito Federal, de 27 a 31 de julho; no Rio de Janeiro, de 3 a 7 de agosto; no Ceará, de 10 a 14 de agosto; e em Sergipe, de 31 de agosto a 4 de setembro.

Terminada sua qualificação, as equipes de campo deram início aos trabalhos nos demais Estados.

O Quadro 1.1 resume o cronograma de atividades da primeira fase de qualificação dos técnicos das STBs nos restantes 23 Estados:

Quadro 1.1 – Cronograma da primeira fase

Datas (1998)	Estado	Estado	Estado	Estado
10/8 a 14/8	–	Acre	Tocantins	São Paulo
17/8 a 21/8	Alagoas	Roraima	Espírito Santo	Minas Gerais
24/8 a 28/8	Piauí	Amapá	Mato Grosso do Sul	Goiás
31/8 a 4/9	Maranhão	Rondônia	Rio Grande do Sul	Bahia
8/9 a 11/9	Paraíba	Amazonas	Santa Catarina	Pará
14/9 a 18/9	Rio Grande do Norte	Paraná	Mato Grosso	Pernambuco

O trabalho estava programado em seqüência, isto é, os eventos da segunda semana programados para a continuidade do apoio à elaboração dos PEQs não deveriam sofrer solução de continuidade.

A demora maior do que a prevista na definição da nova Resolução regente da Qualificação Profissional no âmbito da Política Pública de Trabalho e Renda obrigou o MTE, contudo, a reformular os prazos do calendário de 1998 de elaboração dos PEQs, cuja data de entrega pelos Estados ao MTE passou a ser 1º de dezembro de 1998.

Em decorrência, foi acordado que tais mudanças alterariam também o cronograma das atividades do Projeto Replanfor nos Estados para permitir o ajuste da apresentação dos PEQs 99/2002 aos termos da nova Resolução.

Além disso, pareceu claro que, além da nova Resolução, também deveriam estar aprovados os termos de referência, o quadro de distribuição de recursos do Planfor e os outros documentos a serem elaborados pelo MTE e aprovados pelo Codefat, com vistas a orientar a elaboração dos PEQs.

O trabalho na segunda semana também deveria buscar garantir uma crescente participação dos CETs, conforme programado.

Com a publicação da nova Resolução, que tomou o número n.194/1998, no dia 29 de setembro de 1998, a Flacso organizou um seminário interno com a finalidade de programar a segunda etapa do trabalho à luz da aprendizagem adquirida na primeira etapa.

Em seguida, os grupos de técnicos da Flacso e da MTE/Sefor realizaram uma oficina conjunta, com a mesma finalidade.

Essa oficina teve como metodologia de trabalho a apresentação e análise dos problemas identificados e das soluções propostas nas oficinas realizadas nas 27 UFs na primeira etapa do projeto, bem como o exame do novo plano de trabalho proposto para a elaboração dos PEQs plurianuais 1999/2002 e dos ajustes na programação de apresentação destes às Comissões/Conselhos Estaduais de Trabalho e ao MTE.

Terminado o novo treinamento das equipes de campo, realizou-se a segunda etapa do trabalho nos Estados. No quadro a seguir vê-se o cronograma cumprido.

Quadro 1.2 – Cronograma da segunda fase

Datas (1998)	Estado	Estado	Estado	Estado
13/10 a 16/10	Alagoas	Acre	Tocantins	São Paulo
19/10 a 23/10	Piauí	Roraima	Espírito Santo	Minas Gerais
26/10 a 1/11	Maranhão	Amapá	Mato Grosso do Sul	Goiás
3/11 a 6/11	Paraíba	Rondônia	Rio Grande do Sul	Bahia
9/11 a 13/11	Rio Grande do Norte	Amazonas	Santa Catarina	Pará
16/11 a 20/11	–	Paraná	Mato Grosso	Pernambuco

Terminado o trabalho de campo, foram elaborados os relatórios finais (27), cuja análise permitiu comparar a auto-avaliação (avaliação pelos técnicos das STBs da execução dos PEQs) com a avaliação externa dos PEQs, produto demandado pelo MTE como subsídio ao I Congresso Brasileiro de Educação Profissional (Brasília, 10 a 12 de dezembro de 1998).

Nesse evento, a participação dos membros do projeto deu-se nas conferências, nos seminários e nos painéis. Além disso, a atividade de relatoria das atividades do Congresso foi realizada pela Flacso.

Na seqüência, durante os dias 13, 14 e 15 de dezembro, realizaram-se o balanço geral do processo de apoio à formulação dos PEQs e o ajuste da programação da continuidade dessa etapa do projeto Replanfor:

- elaboração de minuta de novo Guia do Planfor;
- análise preliminar dos PEQs 1999/2002 e detalhamento dos PEQs 1999, aplicando o teste de consistência apresentado e discutido no processo de qualificação realizado (Capítulo 4);
- planejamento e organização, em conjunto com o MTE/SPPE, de oficinas regionais (3) com participação das 27 STBs e 27 CETs, para discussão do novo Guia do Planfor e programação da etapa final de aprovação dos PEQs plurianuais 1999/2000 e dos PEQs 1999.

Avaliação global

Ao final do processo de qualificação ficou claro, pelas características dos produtos obtidos e pela avaliação altamente positiva – por parte dos participantes – da metodologia utilizada, que o modelo metodológico adotado teve boa flexibilidade, permitindo as desejadas adaptações, indispensáveis para a consecução dos objetivos – fixados no início do projeto – da qualificação dos técnicos e técnicas das STBs.

Esse refinamento deu-se, fundamentalmente, a partir das sugestões dos participantes nas experiências piloto, mas prosseguiu durante todo o processo, principalmente em aperfeiçoamentos, variações e ajustes, na duração e no formato dos seminários e oficinas, nas técnicas de trabalho grupal empregadas e na utilização dos materiais didáticos.

A flexibilidade demonstrada pela metodologia adotada facilitou a participação, criação e intervenção dos técnicos e conselheiros em cada etapa, assim como a interação adequada entre qualificandos e consultores-docentes, na elaboração dos produtos esperados, ou seja, a realização plena da complexa estratégia geral do projeto.

2
Materiais didáticos

Introdução

Na preparação da equipe de consultores-docentes do projeto Replanfor, bem como na realização da qualificação das equipes técnicas das STBs, foram utilizados textos, *slides* e instrumentos didáticos, úteis para analisar e discutir os processos de planejamento estadual da educação profissional, de maneira a contribuir para o esclarecimento e formulação de novas políticas públicas de trabalho, emprego e geração de renda.

A escolha das temáticas abordadas teve como ponto de partida a necessidade de sistematização de conhecimentos sobre alguns conceitos básicos relacionados à prática das STBs. Também procurou-se a difusão de avanços conceituais, metodológicos e operacionais. Dessa maneira, os textos, *slides* e instrumentos didáticos utilizados tinham como objetivo deflagrar a reflexão dos consultores-docentes e dos técnicos e técnicas, não sendo trabalhados dogmaticamente. O tratamento adotado (e desejável) foi (e deveria ser, no futuro) o da ampla discussão.

Naturalmente, os aspectos "mais formativos ou mais informativos" dos textos emergem com maior ou menor intensidade, em diferentes situações, dadas as heterogêneas realidades das 27 UFs e, não menos importante, dada a assimétrica apropriação dos diversos saberes no âmbito de cada uma das STBs, derivada de composições (quantitativas e qualitativas) extremamente variadas das equipes técnicas a cargo da qualificação profissional. Esse fato exige particular cuidado em buscar formas de garantir a eqüidade de acesso, material e intelectual, à informação.

Neste capítulo incluímos os principais materiais didáticos utilizados, ou formatados posteriormente com base na reflexão sobre a experiência de campo realizada:

- Guia para Auto-Avaliação do desempenho da STb;
- Conceitos e Diretrizes para Planejamento Plurianual (Documento para discussão e transparências de apoio à exposição);
- Sistemática de Coleta de Informação sobre Experiências Inovadoras de Educação Profissional no Âmbito da Execução dos PEQs;
- Dimensões Fundamentais do Planfor: Apresentação Geral do Planfor; População alvo do Planfor: diversidade x prioridade; Educação Básica e Educação Profissional; Centros Públicos de Educação Profissional; Integração da Política Pública de Educação Profissional e outros mecanismos da PPTR em construção; Diálogo Social no Brasil: a experiência do Codefat, CETs e CMTs;
- Módulo sobre Planejamento com Foco na Demanda do Mercado de Trabalho;
- Guia de Leitura do Módulo;
- O PEQ: Roteiros para Elaboração dos PEQs;
- Teste de Consistência dos PEQs;
- Módulo sobre Avaliação de Políticas Públicas;
- Guía de Leitura do Módulo;
- Roteiro para Síntese Executiva dos Relatórios de Avaliação Externa dos PEQs;
- Marco Normativo da Política Pública de Trabalho e Renda;

O propósito de incluir esses materiais didáticos neste livro é multiplicar os efeitos de um programa de formação de formadores, alcançando um público mais amplo, heterogêneo e constituído da seguinte maneira:

- Profissionais da área de qualificação envolvidos no planejamento, gestão, supervisão e avaliação de planos e programas de Educação Profissional. Esses profissionais podem atuar, por exemplo:
  - nas Secretarias Estaduais e Municipais de Trabalho;
  - nas Universidades, porque são elas que avaliam alguns programas e muitas delas dão cursos profissionais;
  - em outras entidades que atuam na área da Educação Profissional, como as escolas técnicas federais e estaduais, unidades do Senai, Senac, Senar, Senat e Sebrae, sindicatos, organizações patronais, cooperativas, organizações comunitárias e outras ONGs.

- Membros de Conselhos ou Comissões Estaduais e Municipais de Trabalho. Estes Conselhos ou Comissões são formados por representantes dos trabalhadores, dos empresários e do governo, em igual número e com igual poder decisório.

Guia para auto-avaliação do desempenho da STb

FLACSO

Faculdade Latino-americana de Ciências Sociais
Sede Acadêmica Brasil

Orientação para resposta: anote, à frente de cada item a seguir, uma das seguintes siglas: S = sim; N = não; P = em parte, parcialmente; NA = não avaliado/dados insuficientes para responder.

1. Considerando que é diretriz do Planfor que os programas de qualificação sejam planejados com base na demanda (e não na oferta de cursos), pode-se considerar que o processo de elaboração do PEQ-96/98 levou em conta:

[ ] a) tendências e potencialidades do mercado de trabalho local?

[ ] b) perfil, necessidades e aspirações da população?

[ ] c) planos, projetos e prioridades de desenvolvimento locais ou regionais?

Observações/comentários

2. Considerando que é diretriz do Planfor o atendimento a clientelas prioritárias no mercado de trabalho, pode-se considerar que o PEQ-96/98 garantiu cobertura satisfatória, tomando por base a população e a PEA local, a:

[ ] a) pessoas desempregadas, principalmente as beneficiárias do seguro-desemprego e candidatos ao primeiro emprego?

[ ] b) pequenos e microprodutores, principalmente pessoas beneficiárias de alternativas de crédito popular ofertadas pelo Sistema Público de Trabalho e Renda (Proger, Pronaf e outros)?

[ ] c) pessoas sob risco de perda do emprego, em contextos de modernização tecnológica, organizacional, privatização e outras formas de reestruturação produtiva?

[ ] d) pessoas que trabalham em condição autônoma, por conta própria ou autogestionadas?

[ ] e) outros? Especifique ______________________________

Observações/comentários

3. Considerando que é diretriz do Planfor o atendimento às populações preferenciais (vulneráveis) no mercado de trabalho, pode-se considerar que o PEQ-96/98 garantiu cobertura satisfatória – tomando por base a população e a PEA local – a:

[ ] a) escolaridade inferior ao ensino fundamental completo?

[ ] b) etnia afro-brasileira, indígena e outras minorias étnicas, em especial pessoas de cor preta ou parda?

[ ] c) chefia de família, especialmente por pessoas do sexo feminino?

[ ] d) jovens de 14-21 anos de ambos os sexos?

[ ] e) residência em áreas metropolitanas, capitais ou municípios selecionados pelo Programa da Comunidade Solidária?

[ ] f) necessidades especiais (visual, auditiva, mental, motora, de locomoção)?

[ ] g) outros? Especifique ______________________________

Observações/comentários

Obs.: Com relação às populações preferenciais (vulneráveis), houve efetivamente a elaboração de uma estratégia específica de atendimento para aquelas compreendidas nos critérios gênero e raça/cor?

( ) sim

( ) não

	Resultado quantitativo	Participação % na PEA
Gênero		
Raça/cor		

4. Tendo em mente a diretriz de articulação institucional do Planfor, no sentido de mobilizar e fortalecer a capacidade e competência de Educação Profissional (EP) existente no país, pode-se considerar que o número e tipo de entidades executoras do PEQ-96/98:

[ ] a) é compatível com a rede de entidades públicas e privadas de EP existente nesse Estado?

[ ] b) reflete uma seleção baseada na competência e experiência dos executores?

[ ] c) incorpora novos agentes e atores, como sindicatos de trabalhadores, ONGs e outras entidades que possam representar uma nova institucionalidade da EP no Estado?

[ ] d) contribui para fortalecer/desenvolver a capacidade de execução de programas de qualificação?

Observações/comentários

5. Em matéria de abrangência espacial, pode-se considerar que, no PEQ-96/98:

[ ] a) o número de municípios é significativo em relação ao total do Estado?

[ ] b) os municípios atendidos são de fato prioritários para a política estadual de geração de trabalho e renda?

[ ] c) os programas ofertados nos municípios são compatíveis com demandas e potencialidades locais de trabalhos e geração de renda?

[ ] d) a cobertura (quantitativa) de municípios selecionados pelo Comunidade Solidária é significativa em relação ao conjunto do Estado?

[ ] e) os programas ofertados em municípios selecionados pelo Comunidade Solidária são compatíveis com demandas e potencialidades de trabalho e geração de renda?

Observações/comentários

6. Tendo em mente a diretriz de avanço conceitual do Planfor, pode-se considerar que os programas PEQ-96/98 começam a incorporar um novo conceito de EP, qual seja:

[ ] a) complementar (de ensino de 1º e 2º graus)?

[ ] b) substitutivo à educação básica?

[ ] c) assistencialista?

[ ] d) voltado para oportunidades reais de trabalho e geração de renda?

[ ] e) aberta a trabalhadores habitualmente excluídos ou com maior dificuldade de acesso a outras alternativas de formação profissional?

[ ] f) planejada e gerida em bases democráticas, com participação de comissões ou conselhos estaduais/municipais de emprego, fóruns e outras instâncias de participação local?

Observações/comentários

7. Do ponto de vista da aplicação de recursos, pode-se considerar que o PEQ-96/98 apresenta:

[ ] a) custos-treinando compatíveis com os parâmetros do Codefat?

[ ] b) custos-treinando consistentes com o mercado local?

[ ] c) custos de pesquisas e outros projetos especiais compatíveis com o mercado local?

[ ] d) otimização de recursos do FAT, buscando parcerias locais?

[ ] e) volume de investimentos compatível com os níveis de atendimento atingidos (em número de treinandos)?

Observações/comentários

8. Os programas de qualificação ofertados no PEQ-96/98:

[ ] a) contemplam integração entre habilidades básicas, específicas e/ou de gestão?

[ ] b) são inovadores em relação ao que tradicionalmente se faz no Estado?

[ ] c) têm qualidade comparável à de programas semelhantes ofertados por entidades públicas ou privadas no Estado?

[ ] d) motivam os treinandos a aprender, a se desenvolver?

[ ] e) têm carga horária suficiente para os conteúdos que são propostos?

[ ] f) são ministrados por profissionais que dominam os conteúdos propostos?

Observações/comentários

9. Os projetos especiais – estudos, pesquisas, metodologias – desenvolvidos no PEQ-96/98:

[ ] a) podem contribuir para melhoria/avanço da qualificação profissional?

[ ] b) produtos/resultados têm sido aplicados na melhoria do PEQ?

[ ] c) têm custos compatíveis com projetos semelhantes no mercado local?

Observações/comentários

10. Considerando os treinandos que fizeram os programas na condição de ocupados, podem-se considerar como principais benefícios da qualificação profissional:

[ ] a) aumento de produtividade em ______ %, em média, para ______ % dos treinandos.

[ ] b) melhoria de qualidade no trabalho, para ______ % dos treinandos.

[ ] c) ganho de auto-estima, confiança, para ______ % dos treinandos.

[ ] d) elevação de salário/renda em ______ % em média, para ______ % dos treinandos.

[ ] e) outro(s) impacto(s). Especifique: ________________________________

____

Observações/comentários

11. Considerando os treinandos que fizeram os programas na condição de desocupados, podem-se considerar como principais benefícios da qualificação profissional:

[ ] a) obtenção de trabalho (empregado, autônomo, cooperado) para % ______ dos treinandos.

[ ] b) ganho de auto-estima, confiança, para ______ % dos treinandos.

[ ] c) melhoria da renda pessoal/familiar de ______ % em média, para ______ % dos treinandos.

[ ] d) outro(s) impacto(s). Especifique: ____________________________________

____

12. No que se refere aos Termos de Referência dos Programas Nacionais de Educação Profissional, caso essa STb tenha encontrado dificuldades em sua aplicação, queira identificá-las abaixo.

13. Segundo o novo conceito de EP pretendido pelo Planfor, faz-se necessário elaborar planos e projetos com foco na demanda atual e previsível do mercado para habilidades e competências (e não na oferta de cursos), com vistas à empregabilidade das clientelas prioritárias. Dessa forma:

a) Quais os processos e mecanismos utilizados por essa STb na identificação da demanda atual e previsível?

b) Quais as principais dificuldades encontradas na identificação dessas demandas?

c) Quais as sugestões dessa STb para a otimização desse processo?

14. Com relação à identificação da oferta de EP:

a) Qual o nível de mapeamento/cadastro nessa STb (assinale uma das alternativas)?

[ ] bom

[ ] regular

[ ] fraco

b) Quais as principais dificuldades encontradas na identificação da oferta de EP?

c) Quais as sugestões dessa STb para a otimização desse processo?

15. Tendo em vista a articulação de uma nova institucionalidade pretendida pelo Planfor, avalie a relação dessa STb com:

a) CET (assinale uma das alternativas):

[ ] boa

[ ] regular

[ ] fraca

Dificuldades	Sugestões

b) CMTs (assinale uma das alternativas)

[ ] boa

[ ] regular

[ ] fraca

Dificuldades	Sugestões

c) demais Secretarias desse Estado (assinale uma das alternativas):

[ ] boa

[ ] regular

[ ] fraca

Dificuldades	Sugestões

d) MTE-SPPE (assinale uma das alternativas):

[ ] boa

[ ] regular

[ ] fraca

Dificuldades	Sugestões

e) DRT (assinale uma das alternativas):

[ ] boa

[ ] regular

[ ] fraca

Dificuldades	Sugestões

f) Sine (assinale uma das alternativas):

[ ] boa

[ ] regular

[ ] fraca

Dificuldades	Sugestões

16. Com relação à avaliação gerencial interna do PEQ, os procedimentos adotados vêm sendo realizados de forma (assinale uma das alternativas):

[ ] boa

[ ] regular

[ ] fraca

Dificuldades	Sugestões

17. Com relação à avaliação externa do PEQ, os procedimentos vêm sendo realizados de forma (assinale uma das alternativas):

[ ] boa

[ ] regular

[ ] fraca

Dificuldades	Sugestões

18. Quanto ao acompanhamento de egressos, vem sendo realizado de forma (assinale uma das alternativas):

[ ] boa

[ ] regular

[ ] fraca

Dificuldades	Sugestões

19. No que se refere à integração do Planfor com a intermediação, geração de emprego e renda (Proger/Pronaf etc.) e seguro-desemprego, como essa STb avalia os resultados (assinale uma das alternativas)?

[ ] bons

[ ] regulares

[ ] fracos

Dificuldades	Sugestões

20. Quais as principais dificuldades administrativas e legais encontradas por essa STb na elaboração/execução do PEQ, nas dimensões a) celebração e execução de convênios e contratos, b) prestação de contas e c) outras?

21. O Planfor pretende um avanço conceitual e metodológico no campo da educação profissional. Um dos projetos de base é a formação de formadores, que visa constituir uma rede de preparação de instrutores em educação profissional em todo o país. Nesse sentido:

a) quais as principais dificuldades encontradas, nesse Estado, e quais foram as medidas tomadas pela STb para superá-las?

b) quais as experiências julgadas positivas?

c) quais as sugestões dessa STb?

22. Com relação à divulgação dos programas de EP realizados por essa STb, qual a avaliação quanto a sua eficácia?

[ ] boa

[ ] regular

[ ] fraca

Dificuldades	Sugestões

Conceitos e diretrizes para planejamento plurianual (documentos e transparências)

1. Objetivo geral do Planfor: articular toda a capacidade e competência de educação profissional (EP) existente no país, no setor governamental e não governamental, catalisando e otimizando recursos públicos e privados, de modo a construir, gradativamente, capacidade de qualificação e requalificação profissional, a cada ano, de pelo menos 20% da População Economicamente Ativa (PEA), maior de 14 anos de idade (cerca de 14 milhões de trabalhadores ao ano, em números atuais – considerando a PEA de 14 anos de idade ou mais, que soma 70,2 milhões de pessoas). Esse objetivo situa o Planfor como instrumento da política pública de trabalho e geração de renda, no âmbito do Fundo de Amparo ao Trabalhador (FAT), que inclui programas de geração de emprego, de crédito popular (Proger, Pronaf), seguro-desemprego e intermediação de desempregados. Integrar-se a esses mecanismos é diretriz básica do Planfor.

2. Capacidade e competência de EP do país: refere-se à oferta efetiva ou potencial de serviços de agências públicas ou privadas, nacionais ou internacionais, governamentais, não governamentais ou intergovernamentais, laicas ou religiosas, como:

- universidades, especialmente unidades de extensão, fundações, institutos de pesquisa e ensino;
- escolas técnicas;
- fundações e organizações empresariais, em particular os serviços nacionais sociais e de aprendizagem (Senai/Sesi, Senac/Sesc, Senar, Sest/Senat, Sebrae);
- sindicatos e organizações de trabalhadores;
- escolas profissionais livres.

Não há estatísticas precisas sobre as dimensões dessa rede no Brasil. Estimativas baseadas em relatórios do Sistema S e dados do MEC indicam que essa rede teria ofertado, em 1997, perto de 12,2 milhões de matrículas, o que significaria cerca de 5 milhões de trabalhadores atendidos – algo como 7% da PEA (considerando que a mesma pessoa realiza mais de um curso na mesma entidade, em particular as que oferecem programas de curta duração). Também não há dados precisos sobre os recursos investidos. No entanto, tomando-se apenas o orçamento do Sistema S (incluindo os serviços sociais, mas não o Sebrae) e das escolas técnicas federais, chega-se a um montante superior a R$ 5 bilhões ao ano. O Planfor está iniciando mapeamento dessa rede, por meio do projeto de Cadastro de Entidades de Educação Profissional, que registrou, em uma primeira etapa concluída em 1997, cerca de 15 mil unidades das diferentes categorias mencionadas em todo o país.

3. Recursos do FAT destinados ao Planfor: não devem ser tomados como única ou principal fonte de financiamento da qualificação da PEA, mas, antes de tudo, como instrumento para efeito de articulação, mobilização e otimização dessa rede, devendo ser prioritariamente alocados a ações, clientelas e setores não beneficiados por outros fundos públicos e privados para educação profissional. Esse efeito mobilizador/catalisador deverá ser orientado prioritariamente para dois tipos de ações integradas ou complementares à EP, para as quais se devem procurar parcerias com organismos públicos ou privados:

- elevação de escolaridade da PEA, mediante alfabetização e ensino supletivo de ensino fundamental e ensino médio;
- encaminhamento de treinandos ao mercado de trabalho, entendido como intermediação para vagas ofertadas por empresas, organização de formas associativas de produção, apoio para atividades autônomas e outras alternativas de trabalho e geração de renda.

A PEA de 10 anos ou mais (não há dados desagregados por faixa etária na PNAD-96) registra 10,4 milhões de pessoas sem instrução ou com menos de um ano de estudo, juntamente com outros 35,7 milhões com um a sete anos de estudo. Ou seja, mais de 46 milhões de pessoas – quase dois terços da PEA – não chegaram a completar o 1º grau. Trata-se de clientela prioritária para o Planfor. Ao mesmo tempo, seria inviável propor que o recurso do FAT garantisse a elevação da escolaridade de todo esse contingente. Embora a qualificação profissional assegure a oferta de habilidades básicas aos treinandos, é indispensável promover parcerias que canalizem outros fundos públicos ou privados para essa empreitada.
A mesma orientação vale para o encaminhamento de treinandos ao mercado de trabalho. Dos 2 milhões de trabalhadores qualificados pelo Planfor em 1997, quase metade estava desempregada; desse contingente, um quarto foi encaminhado ao mercado de trabalho. A meta do Programa, no entanto, deve ser encaminhar a totalidade dos desempregados que passem pela qualificação. Essa demanda excede largamente a capacidade de atendimento dos serviços públicos de intermediação existentes (em 1997, tais serviços inscreveram 1,9 milhão de pessoas e coletaram 450 mil vagas em todo o país, mas colocaram apenas 210 mil, segundo estatísticas do MTb.).

4. Conceito de EP no Planfor: o Planfor é espaço de construção e consolidação de um novo enfoque conceitual e metodológico da EP, abrangendo as seguintes dimensões:

- complementar e não substitutiva à educação básica;
- foco na geração de trabalho e renda, superando o viés assistencialista ou contencionista;

- foco na demanda do mercado de trabalho e necessidades da população, em lugar de partir da oferta de EP;
- desenvolvimento integrado de habilidades básicas, específicas e de gestão, em lugar de mero adestramento;
- foco na diversidade da PEA, superando o viés seletivo e reforçador de desigualdades;
- direito do trabalhador e não-doação do Estado ou da empresa.

5. Conteúdos da EP: habilidades básicas, específicas e/ou de gestão, desenvolvidas de forma integrada entre si, definidas em função do mercado de trabalho e do perfil da clientela, a partir da seguinte concepção geral:

- habilidades básicas – competências gerais, essenciais para o mercado de trabalho e para a construção da cidadania, como comunicação verbal e escrita, leitura e compreensão de textos, raciocínio, saúde e segurança no trabalho, preservação ambiental, direitos humanos, relações interpessoais, informação e orientação profissional, e outros eventuais requisitos para as demais habilidades;
- habilidades específicas – competências relativas a processos, técnicas, equipamentos e outros conteúdos técnicos específicos das ocupações;
- habilidades de gestão – capacidades de empreendimento, de autogestão, de melhoria da qualidade e da produtividade de micro e pequenos estabelecimentos ou do próprio trabalho autônomo.

6. Ações de EP: cursos, treinamentos, assessorias, extensão, pesquisas e estudos, passíveis de execução por qualquer entidade pública ou privada, pessoa física ou jurídica, conveniada ou contratada nos termos da legislação vigente, que comprove experiência e competência na área dos programas e no trato com populações-alvo, que tenham como foco:

- elevar a produtividade e desenvolver a capacidade de geração de trabalho e renda de pessoas, grupos, comunidades ou empreendimentos;
- ampliar as chances individuais de acesso e permanência no mercado de trabalho;
- melhorar as condições de vida e consolidar a cidadania de pessoas, grupos ou comunidades;
- construir, consolidar, sustentar o desenvolvimento econômico e social.

7. Clientelas prioritárias do Planfor: segmentos da PEA não beneficiados ou com maior dificuldade de acesso à oferta de EP garantida por outros fundos públicos e privados, em princípio agrupadas em quatro categorias:

- pessoas desempregadas, principalmente as beneficiárias do seguro-desemprego e candidatos(as) a primeiro emprego;

- pequenos e microprodutores, principalmente pessoas beneficiárias de alternativas de crédito popular ofertadas pelo Sistema Público de Trabalho e Renda (Proger, Pronaf e outros);
- pessoas sob risco de perda do emprego, em contextos de modernização tecnológica, organizacional, privatização e outras formas de reestruturação produtiva;
- pessoas que trabalham em condição autônoma, por conta própria ou autogestionada.

A proposta para o Planfor 1999-2002 é estruturar quatro grandes linhas de programas para essas clientelas, mantendo, naturalmente, abertura para outras clientelas que possam se definir como prioritárias em âmbito local/regional. Passa à esfera local a definição de setores econômicos ou ocupações para as quais as pessoas serão qualificadas ou requalificadas. Espera-se, dessa forma, aprimorar a focalização dos Programas Nacionais de EP, implementados no período 1996-98.

8. Preferência de acesso a programas de EP: vedada toda e qualquer forma de seleção baseada em critérios de idade, sexo, escolaridade, cor, raça, religião, filiação política, capacidade física e quaisquer outros atributos que possam implicar exclusão ou discriminação no mercado de trabalho. Ao contrário, o Planfor confere total preferência a pessoas mais vulneráveis econômica e socialmente, definindo-se o grau de vulnerabilidade em razão direta da combinação das seguintes condições ou atributos:

- escolaridade inferior ao 1º grau completo;
- etnia afro-brasileira, indígena e outras minorias étnicas, em especial pessoas de cor preta ou parda;
- chefia de família, especialmente por pessoas do sexo feminino;
- jovens de 14-21 anos de ambos os sexos;
- residência em áreas metropolitanas, capitais ou municípios selecionados pelo Programa Comunidade Solidária;
- necessidades especiais (visual, auditiva, mental, motora, de locomoção).

9. Metas de atendimento às clientelas prioritárias: fixadas com base nos seguintes critérios:

- proporção de treinandos no mínimo equivalente à participação dessas categorias na PEA nacional, regional ou estadual, conforme o âmbito do projeto; e/ou
- cumprimento de cláusulas de acordos, protocolos ou outros instrumentos firmados pelo MTb, em âmbito nacional ou internacional, aplicáveis ao Planfor.

Não há estatísticas completas sobre as clientelas prioritárias e as variáveis indicadas, que conferem prioridade de acesso à qualificação profissional. No entanto, o Planfor acumula, em três anos de execução, um conhecimento amplo e sistematizado de perfis de clientelas atendidas. Além disso, dispõe de estatísticas do MTb (Caged – Cadastro Geral de Empregados e Desempregados, Seguro-Desemprego, Intermediação, Proger), que permitem razoáveis aproximações a volume e perfil de demandas globais, no mínimo por unidade da federação e principais municípios.

10. Mecanismos de implementação do Planfor: Planos Estaduais de Qualificação (PEQs) e de Parcerias Nacionais e Regionais (Parcerias), executados por meio de convênios e outros instrumentos legais pertinentes, firmados com o MTb/Sefor, sob homologação do Codefat.

- PEQs: contemplam projetos e ações de EP concebidos e implementados no âmbito de cada unidade federativa, sob responsabilidade das Secretarias Estaduais de Trabalho ou suas equivalentes, sob aprovação e supervisão das Comissões de Emprego dos Estados e do Distrito Federal, às quais cabe articular e priorizar demandas locais, por sua vez articuladas e priorizadas pelas Comissões Municipais de Emprego, fóruns ou outras instâncias adequadas a essa finalidade. Cada PEQ é instrumento para progressiva articulação da oferta e da demanda de EP em cada Estado, devendo explicitar – em perspectiva plurianual – a proporção da demanda a ser atendida com recursos do FAT, de acordo com as prioridades indicadas, e a proporção efetiva ou potencialmente atendida pela rede local de EP, financiada por outras fontes públicas e privadas.
- Parcerias: contemplam preferencialmente projetos e ações com vistas ao avanço conceitual e articulação institucional no âmbito do Planfor, concebidos e implementados em âmbito nacional ou regional, não sobrepostos aos PEQs, sob responsabilidade de organismos governamentais, não governamentais ou intergovernamentais, públicos ou privados, nacionais ou internacionais.

11. Alocação anual de recursos do Planfor: mínimo de 70% aos PEQs, destinando-se o percentual restante às Parcerias e demais ações de sustentação do Planfor. No caso dos PEQs, a distribuição de recursos entre as unidades federativas será baseada em indicadores formulados a partir dos seguintes critérios:

- avaliação da demanda e da oferta de EP, levando em conta a dimensão da PEA, a parcela a ser atendida com recursos do FAT e a disponibilidade de recursos de outras fontes, para qualificação profissional, em cada unidade federativa;

- capacidade de cumprimento de metas físico-financeiras demonstrada pela unidade em anos anteriores e/ou desempenho parcial demonstrado pelo acompanhamento do exercício corrente;
- consistência aos objetivos e diretrizes do Planfor (v. itens anteriores e seguintes, relativos a prioridades e foco em matéria de clientela, conteúdos, programas, projetos, estrutura de investimentos etc.), definidas pelo Codefat, demonstrado em anos anteriores e/ou no plano proposto para o exercício corrente.

12. Estrutura de investimento anual de cada PEQ:

- mínimo de 70% do investimento total em programas de qualificação e requalificação profissional para as clientelas prioritárias do Planfor, focalizados em atividades ou setores econômicos que apresentem efetivas oportunidades de trabalho e geração de renda nos locais atendidos;
- até 20% do investimento total em programas de qualificação e requalificação profissional de outras clientelas;
- até 10% do investimento total em projetos especiais, de pesquisa e desenvolvimento da EP, contemplando:
  - necessariamente: continuidade e aprimoramento de ações implementadas no período 1996-98, de avaliação externa e acompanhamento de egressos, supervisão e acompanhamento gerencial do PEQ, cadastro de entidades e avaliação da oferta de EP;
  - preferencialmente, segundo a disponibilidade de recursos: diagnóstico e avaliação da demanda de EP na unidade federativa; formação de formadores; desenvolvimento de Comissões Estaduais e Municipais de Emprego; desenvolvimento de metodologias e recursos didáticos aplicáveis ao PEQ.

Entende-se que o investimento mais "pesado" em projetos de suporte aos PEQs – avaliação, supervisão/acompanhamento, cadastro – foi feito no período 1996/98, quando foram desenvolvidas e experimentadas metodologias, formadas equipes e implementados os projetos. Tais projetos serão mantidos e aprimorados no próximo período, mas possivelmente com investimentos menores, liberando recursos para as demais ações indicadas no item II.

13. Estrutura anual do investimento em parcerias: mínimo de 80% em ações de avanço conceitual e articulação institucional, contemplando preferencialmente projetos que se enquadrem em pelo menos uma das seguintes categorias:

- formação de formadores, gestores e avaliadores em EP;

- desenvolvimento, produção, experimentação e avaliação de metodologias adequadas aos objetivos e às clientelas prioritárias do Planfor;
- desenvolvimento, fortalecimento e articulação da rede nacional de EP.

14. Parâmetros de custo: poderão ser cobertas todas as despesas de custeio das ações de EP, incluindo remuneração de docentes, instrutores, supervisores, orientadores, consultores; encargos trabalhistas e fiscais; material didático; auxílio-alimentação e transporte de treinandos; passagens e diárias; divulgação dos programas; material de consumo e outros itens de custeio direta ou indiretamente justificados para implementação e sustentação das ações, calculadas com base em parâmetros definidos pelo Codefat e devidamente documentadas para o mercado de trabalho local, para os seguintes tipos de procedimentos:

- ações de EP caracterizadas como cursos, treinamentos e outras formas de ensino presencial ou a distância serão orçadas a partir de um valor médio por aluno-hora, tomando por base custos reais da execução do Planfor no período 1996/98;
- ações de extensão, pesquisa, assessoria, consultoria ou afins serão orçadas em horas técnicas, tomando por base a remuneração de profissionais de nível e área correspondentes aos do projeto, pagos pela universidade pública, federal ou estadual, na unidade federativa onde se desenvolvem as ações;
- ações de caráter misto (cursos + assessoria) poderão combinar os dois parâmetros indicados – alunos-hora e horas técnicas – devidamente especificados.

15. Custos acima dos parâmetros especificados: poderão ser aceitos desde que justificados com base em pelo menos um dos seguintes critérios, devidamente documentados:

- preços vigentes no mercado de trabalho local, comprovados por meio de tabelas de associações profissionais, publicações especializadas e outras fontes previstas na legislação em vigor;
- especificidade do projeto a ser desenvolvido e dos profissionais a serem contratados;
- peculiaridades regionais que impliquem ônus adicional (como distâncias, transportes, comunicações, condições climáticas).

16. Condições para transferência de recursos aos PEQs e Parcerias: além do disposto na legislação aplicável à matéria (instruções normativas), serão adotados os seguintes requisitos técnicos:

- para a transferência inicial, a cada exercício: apresentação, em prazos hábeis para análise, aprovação e processamento, de plano ou projeto consistente com resoluções pertinentes do Codefat e orientações técnicas do MTb/Sefor;

- para transferências subseqüentes, ao longo do exercício: apresentação de relatórios gerenciais de acompanhamento das ações, nas datas, condições e formato fixados pelo MTb/Sefor, e, no caso dos PEQs, comprovação da contratação ou da execução dos projetos especiais a serem necessariamente implementados.

17. Revisões dos PEQs/Parcerias: podem ser propostas pelas STBs, parceiros ou MTb/Sefor, a qualquer momento da execução, sua totalidade ou em programas e projetos específicos, com as devidas justificativas e detalhamentos. Sua viabilização exige:

- consenso sobre as alterações entre as partes signatárias do convênio;
- respeito aos limites do orçamento disponível para o respectivo convênio (a menos que estejam definidos com recursos adicionais, do próprio FAT ou de outras fontes);
- aprovação de Comissões Estaduais de Emprego, no caso dos PEQs;
- observância a dispositivos legais que regem a aplicação dos recursos conveniados;
- observância a diretrizes e deliberações do Codefat;
- aprovação formal do MTb/Sefor.

18. Acompanhamento, supervisão e avaliação: tendo por objetivo garantir a eficiência, a eficácia e a efetividade social das ações previstas, além da transparência e lisura na aplicação dos recursos, o Planfor continuará a ser acompanhado, supervisionado e avaliado em quatro níveis, de forma integrada (sem prejuízo das ações de fiscalização/auditoria a cargo dos órgãos competentes, bem como da definição, a qualquer momento, de outras instâncias/mecanismos de avaliação, a critério do Codefat):

- acompanhamento/supervisão local, sob responsabilidade de cada Secretaria de Trabalho ou Parceiro, podendo ser contratada como projeto especial, no caso dos PEQs;
- avaliação estadual de cada PEQ, contratada como projeto especial do mesmo, preferencialmente com universidade pública (desde que independente da execução de outros programas do PEQ);
- acompanhamento/supervisão nacional, sob responsabilidade do MTb/Sefor, podendo ser contratado ou conveniado como projeto de suporte ao Planfor;
- avaliação nacional do Planfor, incluindo PEQs e Parcerias, contratada pelo MTb/Sefor, com entidade não comprometida com a execução do Programa.

19. Critérios e indicadores: o acompanhamento, a supervisão e a avaliação do Planfor devem estar orientados por indicadores de *eficiência, eficácia e*

efetividade social dos programas. Tais indicadores vêm sendo construídos ao longo do processo de supervisão e avaliação do período 1996/98, a partir da seguinte concepção geral:

- *eficiência*: entendida como grau de aproximação entre o previsto/desejado e o realizado, em matéria de treinandos, matrículas, carga horária, abrangência espacial e setorial, aplicação de recursos, focalização de clientelas;
- *eficácia*: expressa pela contribuição da qualificação profissional para a obtenção ou manutenção de trabalho, melhoria do desempenho profissional, geração ou elevação de renda, melhoria de condições de vida e outros benefícios individuais ou familiares;
- *efetividade social*: expressa pelo impacto da qualificação profissional como parte de um projeto de desenvolvimento sustentado, do ponto de vista de populações, comunidades ou setores beneficiados pelos programas.

20. Cronograma anual

- até 31 de agosto: apreciação e aprovação, pelo Codefat, de termos de referência, critérios para alocação de recursos e outros documentos de orientação técnica elaborados pelo MTb/Sefor (planilhas, fichas, guias), com vistas ao exercício seguinte; divulgação de resoluções aplicáveis à matéria;
- até 31 de outubro: apresentação, ao MTb/Sefor, dos PEQs, aprovados pelas respectivas Comissões Estaduais de Emprego, e projetos de Parcerias. Em 1998, cada STb deverá apresentar o PEQs 1999-2002 e respectivo detalhamento para 1999; nos anos seguintes, a revisão/detalhamento de metas plurianuais;
- até 30 de novembro: análise dos PEQs e projetos de Parcerias pelo MTb/Sefor, para fins de consolidação do Planfor e apresentação ao Codefat, para apreciação e aprovação;
- até 30 de dezembro: processamento dos convênios, incluindo encaminhamento de documentação pelos Estados e demais parceiros, para assinatura e correspondente repasse de recursos a partir de 1º de janeiro do exercício seguinte.

Transparências para apresentação do texto

Diretrizes Planfor:
proposta 1999/2002 x 1996/98

I. Mantida/reforçada: concepção

1. Objetivo
2. Conceito EP
3. Clientelas prioritárias
4. Estratégia de implementação
5. Critérios para alocação anual de R$
6. Critérios de avaliação

II. Aperfeiçoamento operacional

1. Estrutura dos PEQs
2. Parâmetros de custo
3. Alocação de R$ - PEQs e Parcerias
4. Cronograma

I. Diretrizes mantidas/reforçadas

1. Objetivo do Planfor

Articular, mobilizar, otimizar a capacidade, competência e recursos disponíveis para EP no país, desenvolvendo e fortalecendo uma rede nacional de agências públicas e privadas que possa qualificar pelo menos 20% da PEA ao ano (14 milhões de pessoas).

Reforço 1: consolidar uma Rede de Educação Profissional (REP) = agências públicas e privadas:

- universidades (extensão)
- escolas técnicas
- Sistema "S"
- sindicatos de trabalhadores
- ONGs
- empresas, organizações patronais
- ensino profissional livre (privado)

Reforço 2: qualificação de 20% da PEA exige R$ do FAT + R$ de outras agências públicas e privadas.

- FAT = menor parte desse "bolo"
- FAT = "alavanca" ou catalisador de R$ de outras fontes, públicas e/ou privadas

Resultados 1996/98

Executoras do Planfor

- 1996 = 500 entidades
- 1997 = 830
- 1998 = 1.000

Perfil dos executores – 1997

Destinação dos R$ FAT

- universidade pública = 21%
- sindicato trabalhador = 20%
- universidade privada = 18%
- Sistema S = 17%
- ONGs = 12%
- escola técnica pública = 6%
- escola técnica privada = 5%
- outras = 1%

Planfor – resultados 1995/98 e metas 1999-2002 (proposta)

Ano	FAT		REP**		Total	
	nº	% PEA	nº	% PEA	nº	% PEA
1995	0,1*	–	3,4*	4,5	3,5*	4,5
1996	1,1*	1,5	3,9*	5	5 *	6,5
1997	2 *	3	4,5	6	6,5	9
1998	2 *	3	5	7	7	10
1999	3	4	7	10	10	14
2000	4	6	8	11	13	17
2001	5	7	9	12	14	19
2002	5	7	10	13	15	20

* Resultados atingidos

Obs.: os números estão calculados sobre a PEA atual (71 milhões de pessoas maiores de 14 anos, cf. PNAD)

2. Conceitos de EP

Reforço 1: Direito do trabalhador = contínua, ao longo da vida profissional

- Não substitutiva do ensino de 1º e 2º graus
- Não assistencialista ("ajudar pobres")
- Não contencionista ("tirar da rua")
- Não "favor" do governo/empresa

Reforço 2: Foco na demanda = oportunidades de trabalho, + renda, + produtividade, + qualidade, melhoria de vida → desenvolvimento sustentado

- Não na oferta de cursos existentes

Reforço 3: Saber + fazer + aprender = habilidades básicas, específicas, gestão

- Não mero adestramento para tarefas

Reforço 4: Diversidade PEA = idade, gênero, raça/cor, situação no mercado de trabalho, necessidades especiais

- Não seletiva/reforço da desigualdade

3. Clientelas prioritárias

Grupos mais vulneráveis da PEA → + pobreza, + desemprego, menos chances de qualificação

Reforço 1: Quatro grupos preferenciais para aplicação de R$ do FAT

a) desempregados
- Prioridade: seguro-desemprego

b) pequenos e microprodutores
- Prioridade: Proger, Pronaf, crédito popular formal/informal, urbano/rural

c) trabalhadores com risco de desemprego
- modernização, desestatização

d) autônomos, cooperados, autogestionados

Reforço 2: preferência de acesso ao Planfor em função da vulnerabilidade econômica/social

- sexo = mulheres chefes de família
- idade = jovens (14-24 anos)
- escolaridade = abaixo do 1º grau
- etnia/cor = pretos/pardos, minorias
- necessidades especiais = visão, audição, motoras, mentais
- localização = áreas metropolitanas e municípios Comunidade Solidária

Planfor – 96/98: resultados de programas para grupos prioritários

- desempregados = 50% = 2,6 milhões (25% com seguro-desemprego)
- trabalhadores com risco de desemprego = 12% = 650 mil (servidor público, bancário, portuário, saúde)
- pequenos e microprodutores = 20% = 1 milhão (70% assentados e pequenos produtores rurais; 20% beneficiários de crédito popular)
- mulheres = 50% = 2,6 milhões (20% chefes de família)
- jovens de 14-24 anos = 35% = 1,8 milhão (incluindo 250 mil em risco social)
- pretos/pardos = 2 milhões (10% afro-brasileiros)
- pessoas com necessidades especiais = 80 mil
- áreas metropolitanas = 45% = 2,3 milhões
- municípios Comunidade Solidária = 35% = 1,8 milhão
- municípios atendidos = 3,8 mil = 70% dos existentes (1997)
- municípios Comunidade Solidária = 925 = 68% dos selecionados (1997)

4. Estratégia de implementação

Reforço 1: Princípios

- descentralização: planejamento, gestão, execução, avaliação
- participação e construção democrática: governo + empresário + trabalhador
- parceria: público + privado

Reforço 2: Linhas de atuação

- avanço conceitual: metodologias e práticas de EP
- articulação institucional: nova institucionalidade da EP (REP)
- apoio à sociedade civil: qualificação da PEA

Reforço 3: Mecanismos

1. PEQ - Plano Estadual de Qualificação

- gestão: STb (executora do convênio)
- aprovação/supervisão: Comissões de Emprego (estaduais e municipais)
- execução dos programas: REP local
- avaliação: independente da execução (universidade pública)
- foco: articulação institucional da REP local (para atingir 20% da PEA) + apoio à sociedade civil (qualificação de categorias prioritárias para o FAT)

2. Parcerias Nacionais e Regionais

- parceiros: sindicatos, fundações, universidades, outros Ministérios
- foco: avanço conceitual + articulação institucional do Planfor
- aprovação/avaliação: Codefat

5. Critérios de alocação de R$

Reforço 1: Prioridade aos PEQs = pelo menos 70% do orçamento anual da qualificação/FAT (30% Parcerias)

- Ex. 1999: de R$ 650 milhões, PEQs = R$ 520 milhões (mínimo)

Reforço 2: Alocação entre PEQs

- demanda da PEA x oferta da REP local
- consistência à concepção do Planfor (objetivos, clientelas, foco, demanda...)
- capacidade de execução (metas/R$)

Reforço 3: Parceria/integração = Mobilização de R$ de outras fontes para:

- elevação da escolaridade da clientela (alfabetização, supletivo de 1º e 2º graus)
- encaminhamento ao mercado de trabalho (emprego formal, cooperativa, microempresa, apoio a autônomos)
- atendimento beneficiários crédito popular e seguro-desemprego

6. Critérios de avaliação

Premissa básica: qualificação, em si, não cria emprego nem gera renda.

Reforço 1: eficiência

- quantitativa: metas físico-financeiras
- qualitativa: princípios e diretrizes (concepção dos programas, clientelas, foco na demanda, parceria, descentralização etc.)

Reforço 2: eficácia

- treinandos: trabalho, renda, saúde, segurança, cidadania
- setor produtivo: qualidade, produtividade, competitividade

Reforço 3: efetividade social

- nova institucionalidade da EP: avanço conceitual + articulação institucional + apoio à sociedade civil REP
- desenvolvimento sustentado: melhoria de condições de vida de comunidades, construção da cidadania

II. Aperfeiçoamento operacional

1. Estrutura dos PEQs

Como é

• Programas Nacionais EP (14)	60%
• Prog. estaduais/Emergenciais	40%
• Subtotal	100%
• Projetos especiais	+12%
– Acomp./supervisão	1%
– Avaliação	5%
– Cadastro da REP	4%
– Outros	2%

Proposta

• Programas EP	90%
– Quatro clientelas prioritárias*	70%
– Outras clientelas	20%
• Projetos especiais	10%
• Total	100%

* Mínimo

Implicações operacionais da proposta

- Flexibilização/simplificação
- Foco na demanda
- Valorização experiência acumulada

1. Estruturação dos programas

- desaparece distinção entre programas: nacional, estadual, emergencial
- programas focados nas quatro clientelas prioritárias: discriminando setores econômicos relevantes para a região
- outras clientelas opcionais: mantida prioridade a grupos vulneráveis

2. Projetos especiais

- continuidade/aprimoramento do acompanhamento, supervisão, avaliação, cadastro: sem % mínimos de R$
- outros projetos sujeitos à disponibilidade de R$: preferência a estudos de demanda de EP, formação formadores e Comissões de Emprego, metodologias/materiais didáticos

2. Parâmetros de custo

Como é: custeio

- Ensino/treinamento: aluno hora
  - habilidades básicas = 2,00
  - habilidades específicas = 2,50
  - habilidades de gestão = 3,00
- Consultoria, pesquisa, assessoria: horas-técnicas (aberto/mercado)

Proposta: custeio

- Ensino/treinamento: aluno hora
  - Base: valores reais do PEQ 96/98 e/ou preços de mercado local (médias, sem distinção por habilidades)
- Consultoria, pesquisa, assessoria: horas-técnicas
  - Base: maior valor pago pela universidade estadual/federal a profissional da mesma área e nível

Notas

- Custeio = todas as despesas para realização dos projetos
  - salários + encargos de planejadores, coordenadores, instrutores
  - apoio aos treinandos (transporte, alimentação, bolsas)
  - materiais (didático, *kits*, consumo)
  - divulgação dos programas
  - informação e encaminhamento ao mercado de trabalho
- Parâmetros diferentes/acima dos indicados: aceitos desde que justificados/documentados segundo:
  - preços de mercado
  - especificidade do projeto
  - características da região
- Todo custo – dentro ou fora dos parâmetros – deve ser documentado (listas ou tabelas profissionais, publicações especializadas)

3. Alocação de R$

PEQs: alocação entre regiões e/ou municípios = critérios adotados para distribuição entre os PEQs

- demanda da PEA x oferta da REP local
- consistência dos projetos à concepção do Planfor

Parcerias: mínimo de 80% para ações de avanço conceitual e articulação institucional

- Formação de formadores, gestores, avaliadores em EP (incluindo STBs e Comissões Estaduais/Municipais)
- Desenvolvimento, produção, experimentação, avaliação de metodologias para o Planfor
- Desenvolvimento, fortalecimento, articulação da REP

Sistemática de coleta de informação sobre experiências inovadoras de educação profissional no âmbito da execução dos PEQs

Dois aspectos motivam essa coleta:

- suscitar o debate sobre o tema "inovação";
- propiciar posterior divulgação do aspecto inovador localizado – isto é, experiências com este caráter, inseridas em um programa maior, por si só inovador: o Planfor.

1. Identificação de todas as experiências que a equipe da Secretaria considere inovadoras, no âmbito do Planfor, seja em termos de articulação institucional, seja em termos de avanço conceitual e metodológico, seja nas atividades de apoio à sociedade civil, entre as quais os PEQs.

2. Coleta dos materiais que documentam as experiências identificadas: textos, relatórios, fotografias, vídeos.

3. Seleção das cinco experiências avaliadas como de maior destaque, enquanto inovação, com um breve relato sobre por que são consideradas inovadoras.

4. Hierarquização das cinco experiências mais inovadoras.

5. Entrega de todo material recolhido – não apenas das cinco selecionadas – às equipes da Flacso, na segunda semana em que estarão nessa Secretaria.

6. Se houver materiais reunidos depois que as equipes da Flacso já tiverem encerrado suas atividades nessa Secretaria, favor enviar para a Flacso.

Dimensões fundamentais do Planfor[1]

Tema 1: Apresentação Geral do Planfor

- O Planfor foi estruturado a partir de 1995 e implementado a partir de 1996 pela Secretaria de Formação e Desenvolvimento Profissional – hoje Secretaria de Políticas Públicas de Emprego, do Ministério de Trabalho e Emprego (MTE). É um dos mecanismos do Sistema Público de Trabalho e Renda (SPTR), financiado pelo FAT.
- A concepção do Planfor foi estruturada em três eixos: articulação institucional, avanço conceitual e apoio à sociedade civil. Seu objetivo foi definido como o de atingir e consolidar, gradativamente, uma oferta de Educação Profissional (EP) suficiente para qualificar ou requalificar, anualmente, pelo menos 20% da PEA. Os recursos financeiros do FAT entram, nesse processo gradativo, como "alavanca" ou "catalisadores", mas não como única nem principal fonte de financiamento.
- Para implementação do Planfor, foram estruturados dois mecanismos, com base nas diretrizes: participação, descentralização e fortalecimento da capacidade de execução local. São eles:
  - PEQs - Planos Estaduais de Qualificação: contemplando projetos e ações de Educação Profissional (EP), em cada unidade federativa, executados sob gestão de Secretarias Estaduais de Trabalho (STBs), com aprovação e homologação obrigatórias de Comissões/Conselhos Estaduais de Trabalho (CETs), por sua vez articuladas a Comissões/Conselhos Municipais de Trabalho (CMTs) – ambas tripartites e paritárias.
  - Parcerias Nacionais e Regionais: do MTE/FAT com ONGs, sindicatos de trabalhadores, fundações, universidades, outros ministérios e entidades internacionais, com prioridade para programas de avanço conceitual/metodológico e articulação institucional, de sustentação do Planfor.
- Um outro objetivo do Planfor é difundir e implementar um novo conceito e modelo para a Educação Profissional, que pode ser resumido em quatro premissas:
  - EP com foco na demanda do mercado de trabalho e no perfil da população-alvo, orientada pela efetiva demanda do setor produtivo, reunindo interesses e necessidades de trabalhadores, empresários e comunidades,

---

1 Material elaborado por Myriam Sampaio e Elenice M. Leite, com a colaboração dos consultores-docentes do Projeto Replanfor, como subsídios ou roteiros de vídeos sobre o Planfor, a solicitação da Unesco e da SPPE/MTE (1999).

superando, portanto, a histórica orientação da formação profissional baseada na oferta de cursos disponíveis no mercado.

- EP como direito do trabalhador, pensada em bases contínuas, permanentes, em caráter complementar – e nunca substitutiva – à educação básica (fundamental e média), que é direito de todo cidadão e dever do Estado.
- EP como variado leque de ações, incluindo cursos, treinamentos, assessorias, extensão, pesquisas e estudos, contemplando o desenvolvimento integrado de habilidades básicas, específicas e/ou de gestão do trabalhador.
- EP capaz de atender a diversidade social, econômica e regional da PEA, superando o viés branco, masculino, urbano-industrial presente na oferta tradicional de formação. Garantindo, inclusive, em programas financiados pelo FAT, preferência a pessoas mais vulneráveis econômica e socialmente, levando em conta situação de pobreza, baixa escolaridade, raça/cor, sexo, necessidades especiais e outros fatores de discriminação no mercado de trabalho.

• Resultados 1995-98: o Planfor qualificou 5,7 milhões de trabalhadores, com investimento total de R$ 1 bilhão do FAT, repassados a Estados e demais parceiros. Fez a qualificação profissional chegar a mais de 3 mil municípios do país e a populações que rara ou dificilmente teriam alguma oportunidade de se qualificar. Mobilizou mais de mil instituições públicas e privadas para realização de cursos, treinamentos, estudos, pesquisas, desenvolvimento de metodologias. Aproveitou a capacidade e estimulou as potencialidades dessas instituições, resultando em numerosas inovações no campo da educação profissional.

• Um dos grandes desafios para o Planfor, no período 1999-2002, é consolidar e ampliar as ações inovadoras. Essa qualificação e seus produtos (as minutas dos PEQs) poderão ser um instrumento de apoio fundamental para o cumprimento desse objetivo.

Tema 2: População-alvo do Planfor: diversidade x prioridade

• Diversidade, para uma Política Pública de Educação Profissional, significa garantir qualificação profissional para todas as pessoas que fazem parte da PEA (população economicamente ativa). Isto é, sem discriminação ou seleção de qualquer natureza: idade, sexo, raça/cor, escolaridade, necessidades especiais, visando à promoção da igualdade de oportunidades no emprego e na ocupação.

• Isso implica combate à discriminação – nome que se dá à conduta (ação ou omissão) que viola direitos das pessoas com base em critérios injustificados e injustos, como raça, sexo, idade, opção religiosa e outros. A discriminação é algo assim como a tradução prática, a exteriorização, a manifestação, a materialização do racismo, do preconceito e do estereótipo. Como o próprio nome diz, é uma ação (no sentido de fazer ou deixar de fazer algo) que resulta em violação de direitos.

- No Brasil, o tema está na pauta de políticas públicas, desde 1965, quando ratificamos a Convenção 111 da OIT, que trata justamente da discriminação no emprego e na ocupação. Mas só recentemente, a partir do lançamento do Plano Nacional de Direitos Humanos, é que o governo brasileiro começou a formular e implementar uma política nacional para promover igualdade de oportunidades no mercado de trabalho.
- Desde 1995, o Ministério do Trabalho e Emprego (MTE) vem desencadeando ou apoiando ações para efetivar os princípios da Convenção 111, em parceria com o Ministério da Justiça e organizações internacionais, como a OIT e a Flacso/Brasil, com a finalidade de:
  - dar visibilidade à questão da discriminação;
  - fortalecer a ação individual para promover o respeito à diversidade e à igualdade;
  - incluir esses temas nas ações e atividades de rotina do MTE e outros órgãos governamentais;
  - treinar multiplicadores para atuar em relação à diversidade e à igualdade de oportunidades no mercado de trabalho.
- O Planfor incorporou as diretrizes do Plano Nacional de Direitos Humanos e da Convenção 111, propondo-se a trabalhar com a PEA, em toda sua diversidade, combatendo, especificamente, a seletividade ou discriminação em três dimensões – gênero, raça/cor e pessoas portadoras de necessidades especiais – e reconhecendo que essas três dimensões não esgotam a questão da diversidade, mas representam um passo fundamental para superar uma série de distorções no mercado de trabalho e na educação profissional.
- Concebido como instrumento do Sistema Público de Trabalho e Renda, o Planfor atua em crescente integração com outros programas e projetos financiados pelo FAT, em especial os do seguro-desemprego, intermediação de desempregados, crédito popular (Proger, Pronaf) e outros programas de geração de trabalho e renda financiados pelo FAT ou por outros fundos públicos, além de produção de informações sobre o mercado de trabalho. A fixação de populações-alvo para o período 1999-2002 é um dos caminhos para reforçar essa integração.
- Na concepção do Planfor, as ações de EP devem ter como foco a PEA levando em conta sua diversidade. Entre os objetivos gerais do Planfor colocou-se o

imperativo de: "... combater todas as formas de discriminação, especialmente de gênero, idade, raça e cor, garantindo o respeito à diversidade...".

- Inicialmente concebida como diretriz programática, a questão da diversidade reflete-se atualmente no Art. 4°. da Resolução 194/98 do Codefat: "... terão preferência de acesso aos programas do Planfor pessoas mais vulneráveis econômica e socialmente, definindo-se o grau de vulnerabilidade em função da combinação de atributos que possam implicar desvantagem ou discriminação no mercado de trabalho, bem como dificultar o acesso dessas pessoas a outras alternativas de qualificação ou requalificação profissional".
- Sem perder de vista a diversidade, o Planfor estabelece grupos de população-alvo, urbana e rural, prioritária para fins de aplicação de recursos do FAT, a saber:

> - pessoas desocupadas, principalmente as beneficiárias do seguro-desemprego e candidatas a primeiro emprego;
> - pessoas sob risco de desocupação, em decorrência de processos de modernização tecnológica, privatização, redefinições de política econômica e outras formas de reestruturação produtiva;
> - pequenos e microprodutores, principalmente pessoas beneficiárias de alternativas de crédito financiadas pelo FAT (Proger, Pronaf e outros);
> - pessoas que trabalham em condição autônoma, por conta própria ou autogestionada, e em atividades sujeitas a sazonalidades por motivos de restrição legal, clima, ciclo econômico e outros fatores que possam gerar instabilidade na ocupação e fluxo de renda.

- A premissa básica que orienta a distinção desses quatro grupos é a de que exigem estratégias e metodologias diferenciadas de qualificação e requalificação profissional. Essa diferença leva em conta essencialmente a trajetória percorrida por essas categorias, sua situação atual e perspectivas no mercado de trabalho, variáveis que devem estar presentes nos programas formatados para cada um desses grupos.
- Em qualquer desses grupos, o Planfor (Resolução 194/98, artigo 4º) garante prioridade de acesso, a programas de qualificação e requalificação profissional, a pessoas mais vulneráveis econômica e socialmente, levando em conta situação de pobreza, baixa escolaridade, idade, raça/cor, sexo, deficiências físicas e outros fatores de discriminação no mercado de trabalho.
- O grau de vulnerabilidade é definido com base na combinação de atributos que possam implicar desvantagem ou discriminação no mercado de trabalho, bem como dificultar o acesso dessas pessoas a outras alternativas de qualificação ou requalificação profissional (Resolução 194/98 art. 4º, §1º). Em função dessa perspectiva, propõe-se considerar, para efeitos de atendimento preferencial, os seguintes critérios, combinados segundo as caracte-

rísticas e demandas regionais, bem como especificidades dos projetos a serem desenvolvidos:

- pobreza: pessoas situadas no primeiro terço da distribuição da renda familiar *per capita*;
- escolaridade: pessoas com instrução inferior ao ensino fundamental, em especial até quatro anos de estudo (analfabetos absolutos ou funcionais);
- sexo: mulheres chefes de família;
- idade: jovens de 14-24 anos de idade, em especial candidatos a primeiro emprego e em situação de risco social;
- raça/cor: em especial pessoas de etnia afro-brasileira e indígena, além de outras minorias étnicas que possam existir nas diferentes regiões;
- localização: moradores de periferias de áreas metropolitanas, de municípios selecionados pelo Programa Comunidade Solidária e outras áreas urbanas e rurais que concentrem a população-alvo do Planfor;
- pessoas com necessidades especiais de visão, locomoção, audição ou mentais.

- Como parâmetro geral, deve-se procurar garantir, aos diferentes segmentos, participação nos programas de qualificação no mínimo equivalente a sua participação na PEA local, levando em conta ainda protocolos e acordos assinados pelo MTE com outros Ministérios, pelo governo brasileiro com a OIT e diretrizes do Plano Nacional de Direitos Humanos, com vistas ao respeito à diversidade e promoção da igualdade de oportunidades no mercado de trabalho.
- A prioridade de acesso a grupos mais vulneráveis implica, com vistas a garantir eficiência dos programas qualificação profissional, ações complementares ou de reforço da seguinte natureza:
  - apoio aos treinandos para realização dos programas (auxílio-alimentação, transporte, bolsa, *kits* profissionais e outros itens passíveis de inclusão no custeio das ações);
  - encaminhamento dos concluintes ao mercado de trabalho (estágio, prestação de serviços, organização de empreendimentos e cooperativas, além da colocação em vagas do mercado formal);
  - elevação de escolaridade e melhoria de competências básicas, (alfabetização, supletivo de ensino fundamental e médio, reforço de habilidades básicas, valorizando especialmente alternativas que integrem profissionalização com formação geral, utilizando metodologias flexíveis, ágeis e motivadoras para jovens e adultos de baixa escolaridade, inclusive ensino a distância).
- Os resultados do Planfor, no período 1995-98, assim como as perspectivas do Planfor 1999-2002, indicam que atender à diversidade da PEA é possível. O perfil da clientela do Planfor, comparada à PEA, mostra que a qualificação

profissional começou a chegar a mulheres, jovens, trabalhadores do setor informal, populações rurais e não brancas, ou seja, segmentos usualmente menos atendidos no quadro institucional dominante da EP no Brasil. A maioria deles teve, pela primeira vez, acesso a algum programa de qualificação ou, até mesmo, a algum programa social do governo. Começou-se a abrir o funil da qualificação urbana, industrial, assalariada, masculina, branca, reconhecendo a diversidade social, econômica e cultural do país.

- Mas isso é só o começo. Garantido o primeiro avanço – ampla participação de diferentes segmentos da PEA no Planfor –, é preciso trabalhar no sentido de incorporar e consolidar, em ampla escala, a perspectiva da própria diversidade nos programas de EP, para que essa incorporação chegue ao mercado de trabalho.
- Em termos gerais, a implementação da diretriz de prioridade de acesso requer ações de divulgação focada do Plano Estadual de Qualificação. Nesse sentido, é necessário:

> – mobilizar as entidades representativas dos segmentos vulneráveis (ou voltadas para a problemática dos mesmos), visando à divulgação do PEQ e das oportunidades que se abrem no âmbito dele; essas entidades, por sua vez, deverão mobilizar suas respectivas bases, orientando-as para o aproveitamento de tais oportunidades;
> – mobilizar as entidades executoras visando sensibilizá-las para a implementação da diretriz, que deve ser contemplada nos próprios contratos firmados com as mesmas;
> – ampliar e fortalecer programas implementados com êxito no período 96/98, voltados para grupos em situação crítica no mercado de trabalho, aos quais se aplique a diretriz prioridade de acesso, como jovens em situação de risco social e/ou em busca do primeiro emprego, mulheres chefes de família, pessoas portadoras de necessidades especiais, fomentando, ainda, a qualificação para setores em expansão de oportunidades de trabalho e geração de renda;
> – identificar, implementar, ampliar e/ou consolidar experiências bem-sucedidas de atendimento aos grupos contemplados na diretriz de prioridade de acesso.
> – incorporar ao Plano Estadual de Qualificação experiências bem-sucedidas desenvolvidas em outros estados de Federação, passíveis de serem reproduzidas mediante adaptações à realidade local, quando necessário.

- O Planfor deve encarar os seguintes desafios no período 1999-2002, em relação à diversidade e promoção da igualdade de oportunidades no mercado de trabalho:

- diluir a concentração de trabalhadoras e trabalhadores de setores desfavorecidos em poucas ocupações e profissões, abrindo ou ampliando o leque de oportunidades laborais. Deve-se, por exemplo, considerar quais foram os cursos que tiveram maior concentração de mulheres ou de pessoas negras, já que é possível que eles tendam à promoção de certas profissões, reforçando a idéia pouco democrática da existência de um número limitado de ocupações para esses grupos. Ou seja, planejar, executar e avaliar ações que permitam atingir esse objetivo.
- programar e executar ações de sensibilização e formação específica entre os membros das CETs/CMTs, e entre os planificadores, gestores, executores e avaliadores do Planfor, de tal modo que o combate à discriminação seja realizado de maneira consistente e coerente, desde a concepção até a execução dos PEQs;
- garantir as contribuições da sociedade civil organizada junto às CETs/CMTs. O sistema político brasileiro, inaugurado com a Reforma Constitucional de 1988 e assumido pelo Codefat – Conselho Deliberativo do FAT –, através da sua estrutura paritária e tripartite, abre um grande campo de atuação para a sociedade civil.
- incentivar a revisão de materiais, conteúdos, linguagem, que, no atual modelo de EP, têm implícito o viés branco, masculino, voltado para os mais aptos.

Tema 3: Educação Básica e Educação Profissional

- Desde que entramos nos anos 80, na reta final para os 2000, as mudanças se intensificaram e se difundiram mais rapidamente. Revolução microeletrônica, integração econômica, maior abertura do mercado, aumento da concorrência, pequenos mas decisivos avanços na conscientização e proteção do consumidor – tudo isso começou a pressionar as empresas para:
  - a modernização;
  - a redução de custos;
  - a melhoria da qualidade de produtos e serviços.
- As empresas começaram, na maioria dos casos, pela modernização de máquinas e equipamentos. Computadores e máquinas eletrônicas invadiram o mercado. Mas logo se viu que era preciso ir mais fundo. Mexer na organização, na administração, na "filosofia" dos negócios. Um caminho sem volta, para sobreviver em mercados cada vez mais exigentes e competitivos. O armazém virou hipermercado, a farmácia é *drugstore*, a loja se incorporou

ao *shopping* ou *outlet*, a lanchonete se vestiu de *fastfood*, o sítio se integrou ao complexo agro-industrial. Na fábrica, o controle numérico em lugar do torno; células de produção em lugar de linhas de montagem.

- Globalização e competitividade estão na ordem do dia e na nossa vida – nas prateleiras de supermercados, lojas de departamentos, bancas de feiras livres e camelôs, trazendo macarrão, queijo, enlatados, roupas e sapatos para dentro das casas. Pode-se até discutir e polemizar sobre a validade e o alcance desses processos, mas o fato é que vivemos em uma economia que se abre, passando a enfrentar, inclusive dentro de casa, competidores internacionais. É a chamada "guerra da competitividade".

- Um traço comum a todos os países que estão se dando bem na batalha é a escolaridade e educação profissional dos trabalhadores. Nenhum dos atuais campeões de competitividade mundial – da América, Europa e Sudeste asiático – atingiu esse estágio sem pesado e contínuo investimento em educação básica (de 1º e 2º graus para a população de 7 a 18 anos de idade) e profissional. Os Estados Unidos, apesar da liderança mundial, mas se vendo perdidos em algumas batalhas, lançaram, no programa de governo de Clinton, o desafio de universalizar o *college* (pós-secundário); a escolaridade mínima passaria, assim, de 12 para 16 anos de estudo. Países industrializados da Europa e Ásia investem, em média, 6 a 8% das horas trabalhadas, a cada ano, em educação permanente do trabalhador. Países como Japão, Suécia e Alemanha elevam essa média a 10% das horas trabalhadas por ano. Isso para uma força de trabalho que tem, em média, 9 a 10 anos de escolaridade completa...

- Educação, no entanto, não é só uma questão de competitividade. Recente estudo da ONU, sobre indicadores de desenvolvimento humano, situou o Brasil entre os índices mais baixos da América Latina, abaixo de todos os vizinhos do Mercosul, mesmo reconhecendo avanços nos últimos 20 anos.

- Esse índice leva em conta, entre outros fatores, o nível de escolaridade e a taxa de analfabetismo adulto. O Brasil, embora esteja entre as maiores potências econômicas mundiais e lidere a economia latino-americana, passa o vexame de ter uma PEA de 74 milhões de trabalhadores com o seguinte perfil (segundo dados da PNAD-IBGE):

  - 16% (11 milhões) sem instrução ou com menos de um ano de estudo;
  - 18% (13 milhões) com menos de um a três anos de estudo;
  - 33% (23 milhões) com quatro a sete anos de estudo;
  - 13% (9 milhões) com oito a dez anos de estudo;
  - 20% (14 milhões) com onze anos ou mais.

Ou seja:

- mais de um terço da PEA tem menos de quatro anos de estudo, carregando o fardo do analfabetismo absoluto ou funcional;
- dois terços estão abaixo da linha de cidadania, por não terem nem a escolaridade mínima obrigatória definida pela Constituição.

- O processo de reestruturação produtiva, em franco desenvolvimento na economia brasileira, tem se caracterizado pelo enxugamento de quadros e elevação dos requisitos de desempenho profissional, tendendo a excluir trabalhadores de baixa qualificação. Grande parte da PEA brasileira, portanto, está sob risco de exclusão do mercado de trabalho e de crescentes dificuldades na construção da cidadania.

- Felizmente, estamos vivendo, no Brasil, um consenso no que diz respeito à importância e prioridade conferida à educação. Trabalhadores e empregadores, governo e sociedade, políticos e partidos de esquerda, centro, direita, acadêmicos de todas as correntes – todos se põem razoavelmente de acordo quanto à necessidade da educação básica e profissional, como ferramenta para melhorar a qualidade e competitividade no setor produtivo, ampliar as condições de empregabilidade do trabalhador e fortalecer a cidadania.

- São muitos e variados os ingredientes da empregabilidade. Mas podem ser sintetizados em três componentes-chave:
  - competência profissional;
  - disposição para aprender continuamente;
  - capacidade de empreender.

- A partir da premissa de complementaridade à educação de 1º e 2º graus, a educação profissional tem que ser pensada em bases contínuas ou permanentes: não basta um único e longo curso para entrar no mercado.

- Todo trabalhador precisa ter chance de múltiplas entradas e saídas nos sistemas de educação profissional, para se qualificar ou se requalificar – não raro, em curto prazo, e durante toda sua vida produtiva.

- Desvincula-se necessariamente de todo e qualquer viés assistencialista ou contencionista, expresso, por exemplo, em cursos ministrados exclusivamente para tirar menores da rua ou ocupar mulheres pobres, quando não direcionados a objetivos de "promoção humana", sem ênfase na melhoria de qualidade de vida pela inserção na produção.

- Educação profissional certamente não cria empregos. E pode ser um desperdício, formando "qualificados desempregados", caso não tenha o foco mencionado ou seja ofertada de forma dissociada da educação básica. Devidamente "focada" – associada à educação básica – a educação profissional é, hoje, componente essencial da empregabilidade.

- Além disso, é componente essencial, sobretudo, da constituição do cidadão produtivo, sem o qual nenhuma economia se torna moderna e competitiva nem a sociedade se faz mais aberta e igualitária. A educação profissional, se de um lado aprimora o desempenho técnico, também alarga a competência coletiva necessária à melhoria da qualidade de vida das populações.
- Portanto, os atuais desafios são:
  - erradicar o analfabetismo da PEA;
  - elevar a escolaridade mínima a pelo menos o 2º grau; (aliás, já amplamente exigido pelo mercado); e, ao mesmo tempo,
  - garantir educação profissional contínua para 20% da PEA, a cada ano (meta que o Chile, por exemplo, já se colocou no início dos anos 90).
- Para que essas condições mínimas se concretizem, o sistema educacional precisa ser estruturado em três grandes componentes integrados:
  - educação superior;
  - educação básica – entendida como ensino fundamental e médio, ou seja, 10 a 12 anos de boa escola;
  - sistema de educação profissional continuada, baseado em uma rede pública e privada, que atenda a PEA ao longo de sua vida produtiva, em formas diversas e criativas de educação profissional – certamente incluindo cursos e treinamentos, mas sem se limitar a essa modalidade formativa.
- A educação profissional, para se relacionar bem com o sistema educacional e com o setor produtivo, tem que ser cada vez mais pós-secundária, não substitutiva da educação básica, acadêmica, de boa qualidade.
- Isso exige a articulação de toda rede de EP no país, envolvendo:
  - escolas técnicas;
  - pró-reitorias de extensão;
  - Sistema S (Senai/Sesi, Senac/Sesc, Senar, Senat/Sest e Sebrae);
  - Sindicatos;
  - Fundações;
  - Empresas;
  - ONGs.
- Em suma, uma rede de educação profissional diversificada, flexível, competente para atender às necessidades da PEA nas suas mais diferentes demandas.

Tema 4: Centros Públicos de Educação Profissional

- Atualmente, o principal tema das discussões sobre educação profissional (EP), na América Latina e no Caribe, é o que se vem chamando de "a nova institucionalidade da EP".

- Essa expressão abrange o conjunto de leis, normas, tradições, organizações, processos, atores e agentes da EP, em cada país.
- A idéia dos Centros de Educação Profissional surgiu como um caminho para viabilizar o novo modelo de EP.
- O projeto dos CPEPs, conduzido no âmbito do Planfor e implementado com recursos do FAT, propõe a gradativa expansão e reestruturação da atual rede federal, estadual e municipal de ensino, nas esferas pública e privada.
- O objetivo é dinamizar, otimizar e ampliar a utilização dessa rede. É importante deixar claro: não existe uma definição fechada do que sejam ou possam ser esses centros, mas há alguns aspectos que podem definir sua criação. Por exemplo:
  - clientela: deve ser constituída pela PEA de 15 anos de idade ou mais. As empresas, de qualquer porte e setor econômico, formais ou não, seriam parte da clientela como observadoras de novas tecnologias de produto, processo e gestão;
  - segmentos: deve atender, sem exclusividade, mas com prioridade, a segmentos – dessa PEA – excluídos ou com dificuldade de acesso a outras alternativas de EP. Por exemplo:
    - trabalhadores de baixa escolaridade;
    - desempregados do setor formal ou informal;
    - mulheres chefes de família;
    - jovens iniciantes no mercado de trabalho;
    - pequenas e microempresas do setor urbano e rural.
  - abrangência: os centros deverão ser polivalentes, atuando com foco em cadeias produtivas, uma vez que os limites tradicionais entre setores econômicos primário, secundário e terciário se tornam cada vez menos nítidos.
  - atividades: educação profissional de curta, média e longa duração, em bases contínuas e modulares, para trabalhadores ocupados e desocupados, abrangendo:
    - habilidades básicas, específicas e de gestão, para trabalhadores em qualquer nível de escolaridade, inclusive média, pós-média, superior e pós-superior;
    - ensino supletivo para jovens e adultos;
    - certificação ocupacional e de competências;
    - formação de formadores, gestores e executivos para a área de EP;
    - extensão cultural, tecnológica, assessorias e serviços (laboratórios, oficinas, fazendas);

  - orientação, intermediação e encaminhamento ao mercado de trabalho;
  - serviços diversos de apoio ao trabalhador (documentação pessoal e profissional, orientação sindical, benefícios previdenciários, saúde e segurança no trabalho etc.).
- operação: pressupõe parceria entre diferentes agentes da comunidade, públicos e privados, do Sistema S (Senai, Senac, Senat e Senar, além do Sebrae), escolas técnicas, ensino livre e ONGs, para operar o centro, ministrar cursos e desenvolver as diferentes atividades ofertadas.
- gestão: democrática, com participação dos diferentes atores e parceiros envolvidos no centro, em bases tri ou multipartites e paritárias.
- financiamento: recursos privados e públicos, aliados à busca de progressivo autofinanciamento das atividades, mediante diversificação da clientela e dos produtos ou serviços (tendo em vista, por exemplo, empresas e consumidores que podem, no mínimo, ressarcir o CPEP pelos serviços prestados).

• São duas as principais possibilidades de constituição de centros públicos:
  - reestruturação da atual rede de ensino técnico agrícola, industrial e comercial, incluindo o Sistema S (Senai, Senac, Senar, Senat e Sebrae). A proposta é dinamizar, otimizar e ampliar a utilização de prédios, equipamentos e recursos humanos já disponíveis ou disponibilizados. Isso não implica substituir ou comprometer o ensino de qualidade garantido, por exemplo, pela rede de ensino técnico federal ou pelos centros tecnológicos do Senai/Senac que podem, na verdade, constituir uma "rede de excelência" de apoio a outros centros públicos
  - experimentos-piloto, em instalações fixas ou móveis, disponibilizadas pela comunidade.

• Há vários centros públicos experimentais que procuram se aproximar dessa proposta:
  - em Minas Gerais, na cidade de Itabirito, em prédio cedido pela Prefeitura;
  - em Brasília, em unidades da Fundação Educacional;
  - em Fortaleza, no Ceará, uma rede de Centros Técnicos Vocacionais, em parceria com a Secretaria do Trabalho e a Secretaria de Ciência e Tecnologia;
  - dois em São Paulo, um na capital e outro na cidade de Tupã.

• ***Pode-se sugerir, para efetivar essas estratégias:***
  - divulgar as experiências já implementadas, incentivando iniciativas para a construção/implantação de CPEPs, dentro e fora dos limites do Planfor e, portanto, dos recursos do FAT.

- promover o debate para ampliar a compreensão e aceitação da idéia dos CPEPs, enfatizando sua importância para o processo de construção do Sistema Público de Trabalho e Renda (SPTR) e que não se trata de questão meramente pedagógica.
- discutir e, assim, estimular maior participação das Comissões Estaduais e Municipais de Trabalho, na constituição desses centros, já que esses organismos são co-responsáveis pela identificação de demandas localizadas e pelo planejamento/acompanhamento da implementação da nova institucionalidade de EP.
- ressaltar sempre que não há um modelo rígido, mas com grande flexibilidade. Isto é, são numerosas as possibilidades de desenho de CPEPs a partir das características básicas indicadas
- divulgar a parceria MTb/SPPE/MTE/Unesco, iniciada em 1998. Essa parceria tem, como um de seus objetivos, justamente o de consolidar a discussão dessas experiências e formular um projeto que possa garantir a expansão dos CPEPs no período 1999/2002. O projeto já desenvolveu diversas atividades e tem como produto um guia prático para concepção e implementação dos CPEPs.

Tema 5: Integração da Política Pública de Educação Profissional e outros mecanismos da PPTR em construção

No que diz respeito à integração da PPTR em construção no Brasil, pretende-se que não seja a criação de áreas de excelência isoladas, mas sim de um corpo flexível, descentralizado e participativo, de forma a instituir um Sistema Público de Trabalho e Renda - SPTR, cuja idéia-chave está no trinômio: mobilização + diretrizes básicas + recursos de incentivo para quem sabe, faz, quer, pode fazer intermediação-qualificação-crédito.

Isso promoverá uma integração entre esses componentes básicos, "azeitando" os fluxos entre os organismos públicos e privados de intermediação, crédito e a rede de EP, para que ninguém faça curso sem perspectiva de trabalho e para que todo concluinte seja encaminhado a uma chance – formal ou informal, não importa – de ocupação.

A implantação de um sistema integrado está exigindo ora a reafirmação de algumas idéias, ora a redefinição de outras, e até mesmo a construção de novos conceitos e novas práticas. Isso não é uma tarefa fácil. Estamos falando de valores e comportamentos enraizados na cultura nacional por quase 500 anos, jogando todo seu peso sobre uma experiência de, aproximadamente, cinco anos. Além do mais, não se consegue participação, responsabilidade e compromisso democrático por decreto.

Sem desconsiderar a importância das conquistas institucionais alcançadas pela sociedade, como a garantia legal de interferir nos recursos públicos aplicados nos projetos de geração de empregos e ocupações, há vários temas e conceitos novos a considerar e, sobretudo, com os quais lidar: assimilá-los e aplicá-los. Por exemplo:

- O que se quer dizer com sistema e por que público?
- O que se entende por parcerias e por que são importantes?
- O que é Política Pública de Trabalho e Renda – PPTR?
- Que projetos de geração de trabalho e renda implicam?
- De quais recursos financeiros estamos falando?
- Qual é o papel da EP nesse processo?

Segundo o *Dicionário Aurélio*, sistema é o conjunto de elementos, materiais ou ideais, entre os quais se possa encontrar ou definir alguma relação. Também pode ser disposição das partes ou dos elementos de um todo, coordenados entre si, e que funcionam como estrutura organizada. Ou seja, construir um sistema com as características pretendidas significa perseguir uma organização sinérgica, voltada para a geração de trabalho e renda, tanto no mercado formal quanto no informal, que opere em sintonia entre:

- o MTE e o Codefat;
- as Secretarias Estaduais de Trabalho;
- as Comissões Estaduais de Trabalho;
- as Prefeituras e as Comissões Municipais de Trabalho;
- as organizações não governamentais e governamentais;
- as instituições públicas e privadas, inclusive toda a REP.

Esse sistema é público por duas razões: primeiro porque sua fonte de recursos, o FAT, é constituído por recursos de toda a sociedade – trabalhadores, empregadores e governo –, segundo porque, mesmo quando movimentar recursos privados, em parcerias, a gestão deverá ser feita sempre de forma tripartite e paritária entre esses três integrantes.

O conceito de parcerias está, justamente, vinculado à possibilidade de planejamento e desenvolvimento de projetos em conjunto pelos setores governamentais e não governamentais, públicos e privados. Assim:

- parceiro é quem oferece efetivo aporte de recursos – humanos, físicos, financeiros, de tecnologia e conhecimentos – à realização dos programas e projetos;
- parceria é fundamental para a implementação de toda a PPTR.

Segundo a literatura especializada, a questão do trabalho comporta pelo menos duas frentes de intervenção pública ou de política pública:

- programática, ou seja, referente ao fomento ao emprego, à educação e qualificação profissional, bem como à proteção ao trabalhador;
- normativa: referente à modernização de instituições que regem as relações capital-trabalho.

Essas duas frentes de intervenção, por sua vez, desdobram-se em políticas chamadas ativas e passivas:

- ativas: as que geram emprego e melhoram a empregabilidade do trabalhador, como:
  - financiamento de programas de desenvolvimento econômico;
  - linhas de crédito popular;
  - educação de jovens e adultos;
  - qualificação profissional;
  - informação sobre o mercado de trabalho;
  - flexibilização da legislação trabalhista/maior facilidade de contratação.
- passivas: as que protegem o trabalhador desempregado, atenuando os impactos negativos do desemprego, como:
  - seguro-desemprego;
  - intermediação de mão-de-obra;
  - abono salarial.
- São premissas para integrar a PPTR:
  - Reconhecer que a nova dinâmica do mercado de trabalho, caracterizado, entre outros aspectos, pelo fraco dinamismo do emprego formal, assalariado, urbano, industrial, registra diversificação e expansão de oportunidades de trabalho no chamado setor "informal". Esse setor inclui trabalho autônomo, associativo, microempreendimentos urbanos e rurais e é ainda pouco explorado em suas novas características. Já se questiona sua identificação simplista com trabalho "precário, ilegal, desqualificado" – características que, sem dúvida, subsistem em muitas atividades, inclusive altamente formalizadas.
  - Conceber e formatar um sistema capaz de dar conta das características do país, como dimensões continentais e dificuldades de comunicação; diversidade e disparidade econômica, social e cultural; volume e baixa escolaridade da PEA.
  - Para atingir essa escala, devem-se implementar bases de gestão/execução descentralizadas e flexíveis, articulando e fortalecendo, gradativamente, toda a capacidade efetiva ou potencial de qualificação-intermediação-

crédito existente no país, governamental e não governamental, por meio de agências de educação profissional, sindicatos e associações de trabalhadores, federações, associações e fundações empresariais, organizações sociais, agências de colocação privadas.

- Construir essa mobilização e articulação em bases participativas, mediante mecanismos de adesão e incentivos às partes interessadas: gestores, executores e beneficiários do programa.
- No que toca a recursos do FAT, garantir prioridade de atendimento a pessoas de baixa escolaridade e/ou alvo de outros fatores de vulnerabilidade, em face de sua maior dificuldade de acesso a informações sobre o mercado de trabalho e a serviços privados de intermediação.
- Fortalecer e capacitar instâncias de gestão do FAT – Codefat, Comissões Estaduais e Municipais – para planejar e gerir a integração proposta. Isso implica, de um lado, vias de articulação recíproca entre essas instâncias, e de todas com outras instâncias de articulação de políticas públicas.
- Acionar mecanismos de avaliação externa, independente, com base em indicadores de eficiência, eficácia e efetividade social das ações, adequadamente construídos para aplicação em políticas públicas.

A proposta é estruturar, a médio e longo prazos, um corpo ágil e eficiente – o SPTR – que garanta a inserção ou reinserção do trabalhador no mercado, de forma direta ou mediada pela realização de programas de qualificação.

Para essa finalidade, precisa-se de encaminhamento ao mercado de trabalho em relação a oportunidades efetivas de trabalho e geração de renda. Ou seja, intermediação para vagas ofertadas por empresas, organizações de formas associativas de produção, apoio para atividades autônomas e outras alternativas de trabalho e geração de renda. Esse corpo deveria ter, pelo menos, três portas de entrada/saída, com fluxos gradativamente articulados entre si:

- Agências de educação profissional:
  - recebem candidatos à qualificação encaminhados por operadores de seguro-desemprego, do crédito popular ou agências de intermediação, além de clientela própria, diretamente inscrita nos cursos;
  - encaminham concluintes ao mercado, diretamente (serviços próprios) ou por meio de agências de intermediação ou operadores do crédito popular.
- Operadores do seguro-desemprego e crédito popular:
  - recebem candidatos aos benefícios, diretamente ou das agências de EP (no caso, concluintes candidatos a crédito popular);
  - encaminham às agências de intermediação e/ou qualificação candidatos recebidos.

- Agências/postos de intermediação:
  - recebem candidatos a emprego, diretamente ou das agências de EP (no caso, concluintes desocupados);
  - encaminham às agências de qualificação-crédito popular candidatos recebidos.

No último quadriênio, vários dos programas de políticas ativas e passivas, mesmo recém-implementados, atingiram escala considerável de atendimento:

- O seguro-desemprego atendeu mais de 26 milhões de desempregados, pagando, em média, benefício equivalente a 1,5 salário mínimo de referência.
- Cerca de R$ 3 bilhões foram desembolsados pelo Banco Nacional de Desenvolvimento Econômico e Social (BNDES) – em empreendimentos potencialmente geradores de cerca de 400 mil empregos diretos e indiretos (mar./96-dez./98).
- O crédito popular realizou quase 1,5 milhão de operações e aplicou perto de R$ 7,5 bilhões, financiando agricultores familiares, microempresários e autônomos (jan./95-mar./99).
- O Planfor atingiu 5,7 milhões de treinandos de 1995 a 1998, em sua maioria desempregados, trabalhadores do setor informal e grupos com maior dificuldade de acesso ou permanência no mercado de trabalho.

O desafio, agora, é integrar cada vez mais essas ações, de modo a otimizar a aplicação de recursos do FAT, elevar sua eficiência e eficácia, garantindo crescente visibilidade à política pública de trabalho e renda. Essa integração deve também contribuir para ativar programas que ainda têm desempenho modesto, como a intermediação de mão-de-obra e a superação de gargalos operacionais em linhas de crédito popular.

Tema 6: Diálogo Social no Brasil: a experiência do Codefat, CETs e CMTs

Para implementação efetiva de uma PPTR é preciso garantir espaços, canais de participação e diálogo permanente com os principais interessados na questão: governo, trabalhadores, empresários.

Trabalho, renda, qualificação profissional são questões a ser resolvidas com/pelo setor produtivo, que por sua vez reúne interesses de trabalhadores e empresários (sem confundir setor produtivo com mercado formal de trabalho).

O governo entra na história justamente porque estamos falando de uma política pública, ou seja, de interesse maior de toda a sociedade. Há questões que empresários e trabalhadores podem negociar e resolver diretamente (salários, jornadas, benefícios etc.). Trabalho e qualificação profissional exigem, contudo, um enfoque de política pública, porque seus efeitos extrapolam a relação de trabalho pura e simples, saem dos muros da empresa. Trabalho e qualificação profissional são um dos pilares do desenvolvimento sustentado, com eqüidade social.

Isso é bastante complexo, considerando os grandes processos que hoje afetam o mundo do trabalho na maior parte dos países:

- globalização;
- busca de competitividade;
- inovações tecnológicas;
- mudança no próprio conceito de trabalho, que se torna instável, flexível, mutante;
- alteração nos requisitos de qualificação profissional, que deixam de servir para toda a vida e passam a exigir formação continuada, permanente.

Como se não bastasse, o Brasil tem dificuldades adicionais, nada pequenas:

- a falta de experiência, canais, espaços de participação, pois vivemos uma democracia muito "verdinha", ainda em construção (quantos anos tivemos de democracia para valer, nos últimos 50 anos?);
- modelo de relações de trabalho tuteladas pelo governo, via CLT, que não criou hábito nem necessidade de diálogo entre capital-trabalho (a lei prevê e garante tudo, não deixa margem para negociar; só que, com as mudanças no mundo do trabalho, essa garantia passa a valer apenas para uma parcela dos trabalhadores – os que têm registro em carteira);
- as dimensões continentais do país, com profundas diferenças culturais, barreiras de comunicação e disparidades sociais.

Para enfrentar todo esse quadro é fundamental esse diálogo social representado, na PPTR, por três atores principais: governo, setor produtivo e sociedade civil. Um dos principais mecanismos para promover esse diálogo foi a implementação do Codefat, das CETs e das CMTs.

- Codefat = Conselho Deliberativo do FAT (Fundo de Amparo ao Trabalhador);
- CETs = Comissões ou Conselhos Estaduais de Trabalho;
- CMTs = Comissões ou Conselhos Municipais de Trabalho.

A criação do Codefat, em 1990, para gerir os recursos do FAT (previsto desde a Constituição de 1988), representou um passo importante nesse sentido: pela primeira vez, no Brasil, foi estruturado um mecanismo tripartite, paritário, juntando governo, trabalhadores e empresários para discutir e deliberar sobre temas de seu interesse direto: trabalho, geração de renda, qualificação profissional.

A gradativa organização das CETs e CMTs, especialmente a partir de 1995, representa um segundo e fundamental passo no mesmo sentido. A implementação do Planfor foi um estímulo importante para esse avanço, pois colocou na pauta dessas comissões o tema educação profissional e suas relações com trabalho e renda. No processo de discutir e decidir sobre os PEQs, essas Comissões começaram a ganhar consciência de seu papel e de suas necessidades, entraves, limitações – e de propostas para enfrentar esses novos desafios.

O Codefat, as CETs e ao CMTs são colegiados tripartites e partidários, nos níveis federal, estadual e municipal, de caráter permanente e deliberativo. São tripartites, porque se trata de representação plural, formada pelos três segmentos ou bancadas que têm a ver com a formulação e implementação de políticas públicas de trabalho e renda:

- Governo;
- empresários;
- trabalhadores.

São paritárias, porque cada bancada tem o mesmo número de representantes e com igual poder decisório.

São colegiados, porque caráter deliberativo implica, justamente pela paridade, necessidade contínua de negociação entre as três bancadas – e no interior de cada uma, é claro – na busca de consenso para decisões.

Assim configurados, esses órgãos são co-responsáveis pela integração de todas as ações da PPTR, através da ampliação:

- da participação dos segmentos que representam;
- da descentralização de decisões;
- de sua autonomia, conseqüentemente.

Trata-se de uma tarefa complexa, porque implica assumir crescentes responsabilidades de um tipo novo e enfrentar a necessidade de agir rápida, eficaz e eficientemente, num cenário de novos e cotidianos desafios.

Compete ao Codefat gerir o FAT, o que significa, em grandes categorias:

- deliberar sobre matérias que envolvem os recursos do FAT;
- aprovar diretrizes e programas de alocação desses recursos;
- acompanhar/avaliar o impacto social, a gestão econômica/financeira e o desempenho dos projetos financiados.

As principais competências e atribuições das CETs podem ser agrupadas em:

- diagnóstico e análise do mercado de trabalho, com a finalidade de elaborar propostas/planos de trabalho para os programas, no âmbito da PPTR/FAT;
- estabelecimento de diretrizes e prioridades que orientem as ações e adaptação das orientações nacionais;

- articulação com os grupos organizados da sociedade civil, estabelecendo parcerias, visando à sua participação nas decisões e na execução das ações;
- desenvolvimento de mecanismos de acompanhamento e avaliação, de forma sistemática, para rever, revisar e aprimorar sua atuação;
- articulação das Comissões Municipais de Trabalho.

As CMTs ou CMEs (ainda mais recentes que suas irmãs estaduais!) já se encontram presentes e constituídas, pelos mesmos critérios que regem o Codefat e as CETs, em aproximadamente 2.500 municípios. A elas cabe o privilégio de ser a ponta e a base do processo, porque são o palco em que as ações acontecem de fato. São também as alimentadoras de toda essa engrenagem, responsáveis, sobretudo, por:

- levantamento de dados e informações sobre o mercado de trabalho e a PEA local;
- identificação e avaliação das demandas atuais e previsíveis desse mercado, em cada cidade e na área em que se insere;
- estabelecimento de parcerias com os grupos organizados da sociedade local;
- acompanhamento e avaliação dos programas e ações desenvolvidos no município.

As Comissões Estaduais e Municipais, como vimos, são organismos novos, com estruturas novas, mas sua atuação já vem se fazendo notar, mesmo que seja com resultados localizados. Cabe também a esses órgãos registrar o esforço de descentralização e de ampliação da participação da sociedade promovido pelo Codefat, sobretudo a partir de 1995.

Esses Conselhos vêm travando, todos esses anos, uma batalha para a consolidação de uma prática que se contraponha ao assistencialismo e outros "ismos" vigentes nas ações e políticas de emprego e de educação profissional. Está implícita, nessa batalha – uma queda de braço entre o que fomos e o que está sendo proposto –, que a PPTR em construção só conseguirá avançar pelo caminho do humanismo, cidadania e desenvolvimento sustentado caso a sociedade decida se manter nele. Os riscos de volta ao passado não estão extintos e, em situações de crise, reproduzem-se entre o medo, a insegurança e a incerteza.

Módulo planejamento: PPTR Planejada com Foco na Demanda[2]

Inicialmente, é bom lembrar que, quando se fala em qualquer projeto, programa ou ação cujo alvo seja o binômio trabalho e renda, a premissa básica é que seu planejamento tenha como base a demanda atual e previsível do mercado de trabalho.

Em outras palavras, não se pode pensar em uma PPTR de fato eficiente, eficaz e que atinja os níveis de efetividade social desejados sem que essa premissa esteja sempre presente.

O foco na demanda, portanto, deve orientar o planejamento, seja de políticas ativas – programas de investimento e de educação profissional –, seja de políticas passivas, como os programas de intermediação.

Outra premissa a lembrar é que, mesmo que cada uma dessas políticas alcance graus satisfatórios de eficiência, sua eficácia e, sobretudo, a efetividade social do conjunto da PPTR dependem, também, de que o planejamento preveja articulação e integração entre seus diversos programas.

Em segundo lugar, é importante colocar que se entende aqui, por planejamento, o processo contínuo de mobilização, articulação, negociação entre atores, que permite definir objetivos, metas e meios para atingi-los em um dado tempo e espaço. A elaboração de documentos ou planos é só um momento desse processo, que consolida etapas e serve de base para as seguintes. A finalidade do planejamento não é simplesmente elaborar planos, mas definir estratégias de curto, médio e longo prazos.

O processo de planejamento, portanto, começa sempre do estratégico, passa para o tático e, só depois, chega ao operacional.

Transpondo essa conceituação para a PPTR com foco na demanda do mercado de trabalho, pode-se sintetizar:

> "O estratégico se refere à percepção global, de curto, médio e longo prazos, das demandas do mercado de trabalho, da população a ser atendida e das alternativas de atendimento. Trata-se, em suma, de perceber a dimensão da 'guerra', para utilizar uma analogia militar.
> O tático diz respeito à fixação de prioridades, formatação de programas e projetos para seu atendimento. Ou, na mesma analogia, de definir as 'batalhas' a serem travadas.
> Só depois de percebidas a guerra e as batalhas é que se chega ao operacional...

---

2 Texto organizado pelas consultoras docentes Myriam Sampaio e Stela Gabos, reproduzindo e adaptando texto inédito de Elenice M. Leite, com anuência da autora, utilizando também partes selecionadas do Guia do Planfor, do MTE/SPPE.

A inversão nesse processo – do operacional para o estratégico – acaba prejudicando a 'pontaria' do plano."[3]

Como definir a demanda

A demanda do mercado de trabalho é definida a partir da resposta precisa e objetiva à questão "Onde, em que tipo de atividades e ocupações há/haverá oportunidade de trabalho e renda em curto, médio e longo prazos?".

"Demanda", portanto, deve ser entendida sempre como oportunidades concretas de trabalho e renda.

Para determinar a demanda, é preciso identificar e quantificar, com dados e fatos – em cada município –, setores, atividades, ocupações, em processos de expansão; reestruturação/modernização; estagnação/retração.

Outra dimensão da demanda, além das oportunidades reais de trabalho e renda, é a da população a ser atendida.

Para identificar os grupos de população-alvo e planejar seu atendimento, é preciso caracterizar e quantificar a PEA do Estado/Município segundo variáveis relevantes para as políticas ativas e passivas:

- sexo;
- idade;
- raça/cor;
- escolaridade;
- posição na ocupação/situação no mercado;
- localização (áreas metropolitanas, municípios do Comunidade Solidária);
- atividade urbana/rural etc.

As possíveis fontes de informações para essas duas dimensões, nos Estados/Municípios, são:

- representantes de governo, empresários e trabalhadores em CETs/CMTs – geralmente vinculados a organismos que dispõem de informações sobre o mercado de trabalho (sindicatos, associações empresariais, entidades de EP, universidades etc.);
- organismos do Estado e Município que trabalham com esse tipo de informação, como Secretarias de Planejamento, Fazenda, Indústria e Comércio, Tecnologia;
- planos de desenvolvimento estaduais e/ou regionais;
- universidades, institutos de pesquisa;
- associações empresariais setoriais, do comércio, indústria, agricultura;

3 *Guia do Planfor 1995-99.*

- sindicatos de trabalhadores;
- bancos/órgãos desenvolvimento regional (BB, BNB, BNDES, Sudam, Sudene etc.);
- estudos de mercado de trabalho, de confronto entre oferta e demanda (a maioria dos PEQs tem estudos realizados entre 1996-98, disponíveis nas STBs);
- cadastros municipais de consumidores, contribuintes etc.;
- cadastros dos serviços de intermediação (Sines) e do seguro-desemprego;
- perfis dos treinandos elaborados para os PEQs 96/98 (também disponíveis nas STBs);
- fontes secundárias do IBGE e do Ministério do Trabalho e Emprego, que podem ser encontradas nos escritórios do IBGE e nas DRTs – Delegacias Regionais do Trabalho e Secretarias Estaduais de Trabalho (PNAD, Rais, Caged).

Dificuldades, na partida, de se planejar pela demanda

a) Trabalhar com informações "quentes", atualizadas

Para serem úteis e relevantes para o planejamento, as informações têm de ser "quentes", atualizadas. Não basta saber como o mercado se comportou nos últimos dez anos ou como pode se tornar nos próximos dez. Isso é importante, mas não responde à questão: em que atividades os trabalhadores vão poder trabalhar e obter renda?

Por isso, não basta utilizar dados secundários e pesquisas de campo, que geralmente são demoradas (embora fundamentais para compor o cenário do mercado de trabalho). É preciso, assim, montar "antenas" locais, que estejam sempre "ligadas" nas últimas tendências do mercado. Fóruns e conselhos – como é o caso das CMTs – podem e devem funcionar como essas antenas.

No caso de ações de crédito – Proger, por exemplo –, cabe às CETs "indicar, obrigatoriamente, as áreas e setores prioritários para alocação de recursos no âmbito do Programa de Geração de Emprego e Renda.

b) Saber utilizar os dados disponíveis

Em geral, há mais dados do que se pensa. Para utilizá-los no planejamento da PPTR, é fundamental contar com profissionais preparados não só para coletar dados, montar tabelas e escrever relatórios, mas também para interpretar – "ler" – esses dados, formulando as respostas diretas e objetivas necessárias ao planejamento das políticas ativas e passivas.

Somente essas duas dificuldades, no ponto de partida, independentemente de outras mais específicas e localizadas, já dão conta de explicar por que os avanços nesse processo vêm sendo graduais e particularizados. Um exemplo do esforço de planejamento pela demanda atual e previsível do mercado de trabalho está no programa de Educação Profissional (EP). Os resultados do Planfor (Plano Nacional de Qualificação do Trabalhador) demonstram a potencialidade de orientar não apenas a EP, mas toda a PPTR, com esse foco.

O Planfor

EP é, por definição, um instrumento para dar ao trabalhador melhores chances de entrar/permanecer no mercado de trabalho, melhorar produtividade e qualidade, melhorar condições de vida de pessoas e comunidades.

Um dos objetivos do Planfor – difundir e implementar um novo conceito e modelo para a EP – implica justamente foco na demanda do mercado de trabalho e no perfil da PEA. Para concretizar essa premissa, vem conduzindo um aprendizado de planejar com esse novo foco.

Para que a EP cumpra seu papel e para construir e disseminar esse conceito renovado e ampliado, é preciso mudar o foco do planejamento: em vez de partir da oferta de cursos e treinamentos, orientá-lo pela efetiva demanda do setor produtivo – entendendo-se setor produtivo como o conjunto formado pelos interesses e necessidades de produtores (trabalhadores + empresários) e consumidores (a comunidade em geral).

Já foi dito que o processo de planejamento começa sempre pelo nível estratégico. No caso da EP, isso significa partir das demandas atuais e previsíveis do mercado de trabalho, da população a ser atendida e das alternativas de atendimento. Depois dessa definição estratégica é que se chega ao operacional, ou seja, definir cursos e outras ações de EP e como executá-las.

Começar o planejamento pela lista ou seleção de cursos, por exemplo, pode parecer um caminho mais fácil, mas que tende a acabar em becos sem saída. Os cursos ofertados nem sempre estão vinculados ao mercado de trabalho e acabam gerando frustração para os concluintes, além de implicar desperdício de dinheiro público.

Uma dimensão da demanda de EP, além das oportunidades reais de trabalho e renda e da caracterização da PEA, é a da população a ser qualificada, ou seja, a resposta à questão: "Quem necessita de qualificação para aproveitar as oportunidades de trabalho/renda identificadas?".

Nisso está uma dificuldade adicional, no caso da EP: atender a populações vulneráveis.

Trabalhar pela demanda não é fácil. Fica ainda mais difícil quando se trata de atender a populações vulneráveis, excluídas, chamadas até de "inempregáveis", como é o caso das populações-alvo do Planfor, para os recursos do FAT, a saber:

- pessoas desocupadas, principalmente as beneficiárias do seguro-desemprego e candidatas a primeiro emprego;

- pessoas sob risco de desocupação, em decorrência de processos de modernização tecnológica, privatização, redefinições de política econômica e outras formas de reestruturação produtiva;
- pequenos e microprodutores, principalmente pessoas beneficiárias de alternativas de crédito financiadas pelo FAT (Proger, Pronaf e outros);
- pessoas que trabalham em condição autônoma, por conta própria ou autogestionada, e em atividades sujeitas a sazonalidades por motivos de restrição legal, clima, ciclo econômico e outros fatores que possam gerar instabilidade na ocupação e fluxo de renda.

Além disso – para "complicar" –, em todos esses grupos, o Planfor/FAT deve, em princípio, privilegiar pessoas mais pobres, de mais baixa escolaridade e sujeitas a diversos tipos de barreiras no mercado, em função de atributos como sexo, idade, raça/cor, deficiências físicas, local de moradia. Ou seja, exatamente fatores que usualmente excluem pessoas do mercado de trabalho e de programas de EP.

Para superar essa dificuldade, é preciso, desde o planejamento, prever:

- ações de focalização que estimulem e propiciem o atendimento a tais grupos;
- apoio aos treinandos para realização dos programas;
- colocação no mercado de trabalho;
- elevação de escolaridade e melhoria de competências básicas.

Exemplos de ações de focalização

- mobilização de entidades representativas dos segmentos vulneráveis ou atuantes junto a eles, para divulgar programas, ações de qualificação e oportunidades que se abrem;
- sensibilização de entidades executoras para o atendimento dessas populações, colocando inclusive como cláusula contratual (com metas quantificadas, na medida do possível), no caso de programas pagos pelo FAT;
- ampliação, adaptação, disseminação, fortalecimento de experiências inovadoras voltadas para grupos como: jovens em situação de risco social e/ou em busca do primeiro emprego, mulheres chefes de família, pessoas portadoras de necessidades especiais, negros, indígenas, pequenos agricultores.

Exemplos de ações complementares à qualificação profissional

- apoio aos treinandos: auxílio-alimentação, transporte, bolsa, *kits* profissionais e outros itens passíveis de inclusão no custeio das ações;

- encaminhamento dos concluintes ao mercado de trabalho: estágio, prestação de serviços, organização de empreendimentos e cooperativas, além da colocação em vagas do mercado formal. Cursos de orientação e informação sobre o mercado, como proceder em entrevistas a empregos, elaboração de currículo, organização de cooperativas e similares podem e devem ser ministrados a todos os treinandos (inclusive empregados, em algumas situações), como habilidades básicas ou gerenciais, mas não devem ser computados como encaminhamento ao mercado de trabalho. Encaminhamento ao mercado de trabalho se define em relação a oportunidades efetivas de trabalho e geração de renda.
- elevação de escolaridade e melhoria de competências básicas: alfabetização, supletivo de 1º e 2º graus, reforço de habilidades básicas, integradas a ações de qualificação, utilizando metodologias flexíveis, ágeis e motivadoras para jovens e adultos de baixa escolaridade, inclusive ensino a distância.

A oferta de EP

Definidas as duas dimensões da demanda – oportunidades no mercado de trabalho e população a ser qualificada –, é preciso identificar e quantificar a oferta de EP relevante para tais oportunidades e população. Em suma, responder à questão "Quem oferece ou pode oferecer qualificação profissional para as oportunidades e populações identificadas?"

Além das mesmas fontes de informações indicadas para a demanda e para a PEA, a base fundamental para definição da oferta é o Cadastro de Entidades de Educação Profissional que todos os PEQs vêm implementando desde 1997 e que, necessariamente, deverá ser ampliado e aprimorado no período 1999-2002, como projeto especial do Planfor/PEQ (várias STBs já dispõem desses dados em CD-ROM ou via internet).

Essa etapa do planejamento, portanto, caracteriza e quantifica as possibilidades de atendimento da demanda, a partir da oferta existente ou potencial de agências nacionais ou internacionais, da rede de EP (REP) pública e privada do Estado/Município, governamental, não governamental e intergovernamental, envolvendo as diversas instituições da REP, a saber:

- universidades (extensão);
- escolas técnicas públicas e privadas;
- Sistema S;
- ONGs;
- escolas de sindicatos;
- escolas de empresas, fundações;
- escolas profissionais livres.

Juntando demanda x oferta: prioridades e metas – os PEQs

O PEQ deve ser pensado como o planejamento global da EP em cada Unidade Federativa e não apenas como o plano de utilização de recursos do FAT. Por isso, identificados e quantificados os dois componentes da demanda – mercado de trabalho e perfil da PEA/população-alvo – e mapeada a oferta de EP, é preciso definir, ainda estrategicamente:

- o componente da demanda a ser atendido com recursos do FAT;
- o componente a ser atendido pela REP com recursos públicos ou privados, de outras fontes.

Podem ser utilizados como referências para a definição estratégica de prioridades e metas globais:

- planos e projetos de desenvolvimento/investimento locais;
- situações emergenciais do Estado/Município;
- evolução do PEQ 96-98 e viabilidade de execução nos próximos anos;
- diretrizes e metas globais do Planfor para 1999-2002.

Para definição de metas relativas à aplicação de recursos do FAT, é preciso levar em conta:

- capacidade de execução de programas de EP – existente ou passível de mobilização;
- capacidade de gestão desse processo pela STb (ou outro parceiro do Planfor), desde o planejamento até a prestação de contas;
- disponibilidade de recursos a investir, por sua vez condicionada por dois fatores – total disponibilizado pelo FAT e desempenho técnico-financeiro da STb/parceiro em exercícios anteriores.

A elaboração do PEQ com foco na demanda exige uma definição de papéis das STBs e CETs/CMTs que pode ser sintetizada nos seguintes termos:

- CMTs – "antena" ou base do "observatório" de tendências do mercado de trabalho local e das prioridades de atendimento da população-alvo;
- CETs – definição estratégica de prioridades, no tempo e no espaço coberto pelo PEQ;
- STb – coordenação do processo de planejamento e formatação do PEQ. Seu papel é, fundamentalmente, mobilizar, articular, coordenar todo esse processo de concepção global do plano, de levantamento e sistematização de informações, de discussão e negociação junto às CMTs.

Planfor – Referências para metas globais 1999/2002

Atingiu-se, em 1998, encerrando-se a primeira etapa do Planfor, oferta de qualificação profissional próxima a 10% da PEA (7 milhões de trabalhadores), na qual os programas financiados pelo FAT (PEQs) participam com 28%. Até 2002, pretende-se atingir uma oferta global de qualificação para 15 milhões de trabalhadores, elevando a participação dos programas financiados pelo FAT a cerca de um terço (5 milhões).

Tabela 2.1 – Planfor – resultados 1995/98 e metas 1999-2002
(em milhões de trabalhadores)

Ano	FAT		REP		Total	
	Treinandos	% PEA	Treinandos	% PEA	Treinandos	% PEA
1995	0,1*	–	3,4*	4,5	3,5*	4,5
1996	1,1*	1,5	3,9*	5	5 *	6,5
1997	2 *	3	4,5	6	6,5	9
1998	2 *	3	5	7	7	10
1999	3	4	7	10	10	14
2000	4	6	8	11	13	17
2001	5	7	9	12	14	19
2002	5	7	10	13	15	20

* Resultados atingidos (os demais são estimados ou projetados, englobando as diversas agências da REP).

Experiências inovadoras

EP com foco na demanda é, por si só, uma inovação. Propor a EP com foco na demanda tem sido considerado, pelos especialistas do ramo, como uma das maiores "ousadias" do Planfor. Implica reverter décadas (ou séculos, se considerado que EP no Brasil começa com os jesuítas "catequizando" índios para trabalhar) de planejamento pela oferta.

Houve Estados, no entanto, que fizeram um amplo esforço de organização/consolidação de "antenas" locais da demanda: fóruns/conselhos municipais/regionais. As STBs promoveram contatos diretos com fontes básicas de informação, tais como encontros, fóruns municipais ou regionais, envolvendo CETs/CMTs, prefeituras, secretarias municipais e estaduais, associações de empresários, trabalhadores, educadores, comunidades.

Essas fontes no geral forneceram dois insumos para o planejamento da EP:

- informações primárias, "quentes", sobre oferta e demanda (do mercado e população), a serem transformadas em projetos, e/ou
- projetos já definidos com foco nessas demandas, por representações setoriais, órgãos de governo, comunidades, entidades de EP.

Guia de leitura – módulo planejamento: "PPTR planejada com foco na demanda"

1. Comente: "Planejar não é simplesmente elaborar documentos ou planos".

2. O que é planejar ações de PPTR com "foco na demanda"?

3. Como definir a demanda e quais são suas dimensões?

4. Como identificar tendências e potencialidades do mercado local?

5. Como identificar prioridades de desenvolvimento local e regional?

6. Comente: "Os CMTs são as 'antenas' ou base do 'observatório' de tendências do mercado de trabalho local e das prioridades de atendimento da população-alvo". *Guia do Planfor 1999-2002*

7. Quais são as dificuldades de planejar pela demanda?

8. Como superar essas dificuldades?

9. Como casar demanda e oferta?

10. Quem deve ser beneficiado pelos recursos do FAT?

11. O que são ações de focalização?

12. O que pode ser caracterizado como ações complementares à qualificação?

13. Por que o PEQ "deve ser pensado como planejamento global da EP"?

14. O que deve ser considerado ao se estabelecerem metas relativas à aplicação dos recursos do FAT?

O PEQ: roteiros para sua elaboração[4]

1. O documento do PEQ, a ser submetido à Comissão de Estadual de Emprego e, posteriormente, ao MTE/SPPE, é um momento de sistematização e ordenação de todo o processo de planejamento da EP no Estado.

2. O roteiro do PEQ 1999-2002 foi submetido ao Codefat em outubro de 1998. Atualiza o modelo adotado para os PEQs 1996/98, reforçando a concepção básica do Planfor, adaptando-a à Resolução 194/98.

3. O roteiro contém o conteúdo mínimo do PEQ 1999-2002. Outros itens poderão ser agregados, a critério de cada UF. O conteúdo mínimo do roteiro deve constar do documento do PEQ 1999/2002, consolidado pela STb e aprovado pela CET, a ser apresentado à SPPE/MTE para o respectivo convênio. O PEQ 1999-2002 deverá ser revisto permanentemente e atualizado anualmente, para renovação do convênio (mediante termos aditivos, a cada exercício).

4. Projetos detalhados e outras informações utilizadas para elaboração do PEQ 1999/2002 devem ser guardados pela STb, como "memória técnica" do plano, a ser utilizada para esclarecimentos e ajustes ao longo da negociação do plano, podendo ser solicitada a qualquer momento pelo MTE.

5. O documento do PEQ deve ser composto basicamente por duas partes:

- Parte 1 – análise sucinta da demanda do mercado de trabalho, da PEA e da oferta de EP no Estado, buscando responder, de forma precisa e objetiva, ao rol de questões apresentadas no quadro a seguir.
- Parte 2 – partindo da análise anterior, detalhamento de metas plurianuais e anuais, de treinandos e investimentos, segundo modelo de planilhas estabelecido pela SPPE/MTE, com o aval do Codefat, disponibilizado pela SPPE/MTE em disquete ou outro meio eletrônico.

PEQ 1992-2002 – Parte 1
Itens ou respostas fundamentais que devem constar do documento a ser submetido à Comissão Estadual e à SPPE/MTE

A. **Demanda do mercado de trabalho = oportunidades de trabalho e renda**
• atividades ou setores em alta, geradores de trabalho e renda;
• atividades ou setores em baixa, estagnados, em crise;

4 Texto baseado na Minuta de Guia do Planfor apresentada pela Flacso/Brasil à SPPE/MTE em janeiro de 1999, elaborado com a colaboração de Elenice M. Leite.

- ocupações para as quais há demanda e volume da demanda;
- requisitos para essas ocupações: conhecimentos, competências, habilidades.

B. **Demanda da PEA = população-alvo (quem, quantos, onde)**

- características demográficas (sexo, idade, cor, escolaridade, localização);
- situação e experiência anterior no mercado (desempregados, trabalhadores autônomos, trabalhadores sob risco de perda do emprego, produtores, candidatos a primeiro emprego);
- necessidades de qualificação/requalificação, em face das possibilidades e exigências do mercado e de sua experiência anterior.

C. **Oferta de EP = rede local de educação profissional**

- entidades e infra-estrutura existente (pessoal, instalações, equipamentos);
- programas ofertados (clientela, mercado, ocupações);
- disponibilidade potencial para envolvimento no plano.

PEQ – 1999-2002 – Parte 2
Detalhamento de metas - modelos de planilhas*

Planilha 1 – **Meta global do PEQ – 1999/2002**
Coteja dados da demanda (mercado + PEA) com os da oferta de EP no Estado (REP), indicando a parcela da demanda a ser qualificada com recursos do FAT e aquela a ser qualificada com recursos de outras fontes (REP). Avalia a evolução do PEQ 96-98 e projeta metas para 1999-2002 (quadro a seguir), levando em conta metas globais do Planfor para o período.

Planilha 2 – **Metas do PEQ – 1999/2002 – recursos do FAT**
Detalha, para os quatro grupos de população-alvo do Planfor, as metas de treinandos do PEQ 1999-2002, levando em conta somente as possibilidades de aplicação de recursos do FAT.

Planilha 3 – **Metas do PEQ-99 – recursos do FAT**
Detalha metas de treinandos e investimentos, segundo grupos de população-alvo, setores econômicos e ocupações. Indica também investimentos em projetos especiais.

* *Guia do Planfor 1995-99.*

Planilha 4 – **PEQ-99 – Síntese de metas físico-financeiras** Sintetiza metas do PEQ-99, segundo grupos de população-alvo, indicando o investimento total de recursos FAT e de outras fontes (parcerias).

Notas:

a) Essas planilhas não substituem quadros definidos pela instrução normativa vigente, exigidos para formalização de convênios.

b) Poderá haver mudanças nessas planilhas, de um ano para outro, em face da própria experiência de sua utilização.

c) O acompanhamento gerencial do PEQ tomará por base esse roteiro, mas vai exigir dados que constam dos modelos de relatórios gerenciais.

Cálculo de investimentos

1. A Resolução 194/98 estabelece, para o PEQ, a seguinte estrutura de aplicação dos recursos do FAT:

- mínimo de 75% do investimento total e 85% da oferta de vagas em programas de EP em benefício dos quatro grupos de população-alvo do Planfor;
- até 15% do investimento total e da oferta de vagas em programas de EP para outras populações não contempladas entre a população-alvo indicada, que sejam vitais para o desenvolvimento local;
- até 10% do investimento total em projetos especiais, de pesquisa e desenvolvimento da EP.

2. A Resolução 194/98 estabelece dois parâmetros para cálculo desse investimento – aluno-hora e horas técnicas –, a saber:

- ações de EP caracterizadas como cursos, treinamentos e outras formas de ensino presencial ou a distância serão calculadas a partir do valor médio por aluno-hora;
- ações de extensão, pesquisa, assessoria, consultoria e afins serão orçadas em horas técnicas.

3. O custo total de um projeto pode combinar os dois parâmetros indicados – alunos-hora e horas técnicas – devidamente especificados segundo a natureza das ações previstas.

4. Fórmula de cálculo baseado em aluno-hora: $x = (a \cdot b \cdot y)$, em que

x = custo total do programa;

a = número total de treinandos no programa;

b = carga horária por treinando;

y = custo médio aluno-hora em exercício(s) anterior(es), no PEQ ou em projeto(s) similar(es), ou preços de mercado na localidade – dentre os dois, o de menor valor.

5. Como definir esses três componentes?

- Número de treinandos do PEQ, por programa: deve partir do confronto entre demanda do mercado de trabalho e oferta de EP, bem como da fixação de prioridades e capacidade de execução da STb.
- Estimativa da carga horária por treinando: deve ser estabelecida com a colaboração de especialistas na área do programa e da população a ser atendida – aspecto fundamental da construção de parcerias, desde o planejamento. Essa carga horária refere-se ao tempo necessário para desenvolver conhecimentos e competências exigidos pelo mercado, nas ocupações identificadas, tendo em vista o perfil da população a ser qualificada. Não há qualquer definição prévia do Codefat nem da SPPE/MTE quanto à carga horária mínima nem máxima para os programas de EP, no âmbito do Planfor. Cada STb, no entanto, pode também utilizar as experiências do PEQ 96-98 para essa definição.
- O custo médio aluno-hora deve ser baseado no PEQ, em anos anteriores. Os dados de 1996/98 estão disponíveis na SPPE/MTE. A mudança fundamental, em relação ao período 1996-98, é que a Resolução 194/98 deixa de estabelecer parâmetros de custo aluno-hora por habilidades. Vale agora o histórico do PEQ ou preços de mercado, comprovados e documentados.

6. Cálculos baseados em horas técnicas exigem também três informações:

- nível e área dos profissionais alocados ao projeto;
- duração, em horas, de sua participação no projeto;
- valor da hora técnica, incluindo encargos sociais, pagos aos profissionais da mesma área e nível, pela universidade federal ou estadual da localidade.

O cálculo é um produto simples de dois fatores: horas dos profissionais x valor da hora técnica. O custo total do projeto é resultado da soma de todos os profissionais alocados para sua execução.

7. Para utilizar parâmetros diferentes dos indicados pela Resolução 194/98, que elevem os custos do PEQ ou projeto, é preciso justificativa, acompanhada de documentação, com base em pelo menos um dos seguintes critérios:

- preços vigentes no mercado de trabalho local, comprovados por meio de tabelas de associações profissionais, publicações especializadas e outras fontes previstas na legislação em vigor;
- especificidade do projeto a ser desenvolvido e dos profissionais a serem contratados, documentada em bibliografia, estatísticas, pareceres especializados e outras referências técnicas aplicáveis à matéria;
- peculiaridades regionais comprovadas, que impliquem ônus adicional ao projeto, tais como distâncias, transportes, comunicações, condições climáticas.

Encaminhamento

1. Todo PEQ deve ser apreciado e aprovado pela Comissão/Conselho Estadual de Emprego/Trabalho (CET) antes de seu encaminhamento ao MTE/SPPE. É fundamental, no entanto, que a CET participe ativamente da concepção do PEQ, desde a fase de planejamento.

2. Antes do encaminhamento formal do plano, à Comissão Estadual ou ao MTE/SPPE, é importante criar oportunidades para discussão prévia – no âmbito da próprio STb, da Comissão Estadual e do Governo – que permitam acertos e ajustes eventualmente necessários.

3. Nessa fase de discussão, antes de encaminhamento e apreciação formal, é fundamental submeter o PEQ ao teste de consistência indicado a seguir. A análise técnica do PEQ passará, na SPPE/MTE, praticamente pelos mesmos critérios. A auto-avaliação e a revisão prévia poupam tempo e trabalho.

Teste de consistência

O processo de elaboração do Plano levou em conta...

- tendências e potencialidades do mercado de trabalho?
- perfil, necessidades e aspirações da população?
- prioridades de desenvolvimento locais ou regionais?
- formação ou consolidação de parcerias?
- perspectiva de médio e longo prazo das ações?

Os programas de educação profissional previstos...

- focalizam os grupos de população-alvo prioritários do Planfor?
- levam em conta protocolos e acordos do MTE/SPPE?
- contemplam a diversidade da PEA local (sexo, idade, cor, escolaridade)?
- contemplam oferta de habilidades básicas, específicas e de gestão?
- têm vinculação com oportunidades locais de trabalho e renda?
- têm viabilidade de execução pelos possíveis parceiros locais?
- atendem às determinações do Codefat (Resolução 194/98)?
- levam em conta os termos de referência do MTE/SPPE?

Os setores ou atividades econômicas abrangidos...

- são consistentes com a realidade local?
- oferecem perspectivas de trabalho e renda?

Em matéria de abrangência espacial...

- o plano está municipalizado?
- o total de municípios atendidos é significativo em relação ao total do Estado?
- é significativo o atendimento a municípios do Comunidade Solidária?

As metas de treinandos...

- são expressivas em relação à PEA – População Economicamente Ativa?
- têm viabilidade de execução?

Os projetos especiais...

- levam em conta termos de referência do MTE/SPPE?
- oferecem subsídios para as ações de educação profissional?
- atendem às disposições da Resolução 194/98?

No cálculo de investimentos...

- há consistência com parâmetros reais de anos anteriores e/ou de mercado?
- os grupos de população-alvo são beneficiados com pelo menos 75% dos recursos?
- os projetos especiais estão no limite de 10% do total do PEQ?
- a composição dos projetos especiais atende às determinações do Codefat?
- há justificativas e documentação para parâmetros diversos dos fixados pelo Codefat?
- o total do investimento é compatível com a ampliação de metas?

Módulo avaliação de políticas públicas: A Avaliação de uma PPTR em Construção[5]

O termo "avaliação" pode se referir a muitas esferas, em várias dimensões. Avaliam-se pessoas, sentimentos, relações, conhecimentos, comportamentos, atitudes, serviços, projetos, empresas, governos e governantes – hoje em dia, tudo é "avaliável". Qualquer que seja essa esfera ou essa dimensão, porém, o que se observa é que não desperta muito entusiasmo. Falando francamente: quem gosta de ser avaliado?

Talvez a "falta de entusiasmo" deva-se a dois fatores. Primeiro, ao uso generalizado ou nem sempre adequado da palavra e, sobretudo, a uma possível distorção ou redução de seu significado. A idéia de avaliação logo é associada a controle, fiscalização, punição, reprovação... sempre com "julgamento" implícito, portanto.

No entanto – e a título de lembrança –, "avaliação", segundo o *Dicionário Aurélio*, tem vários significados. Entre eles, "apreciação, análise", com dois enfoques: "avaliação formativa – processo de avaliação realizado no decorrer de um programa instrucional, visando aperfeiçoá-lo, e avaliação somativa – processo de avaliação de um programa instrucional, visando julgá-lo".[6]

No caso de políticas públicas, avaliar é uma exigência social, uma questão de compromisso com a sociedade, uma fonte de informação e orientação para aplicação de recursos públicos, um retorno aos cidadãos e contribuintes.

Essa avaliação, entretanto, refere-se muito mais ao sentido de "avaliação formativa", já que seu grande alvo é transformar, melhorar, corrigir – ou seja, aperfeiçoar.

Além da resistência à idéia inadequada de "ser julgado", outra dificuldade é que a preocupação com avaliação de instituições, programas e políticas só começa a surgir, no Brasil, a partir dos anos 80.

Isso quer dizer que se trata de uma questão recente, sem muita experiência acumulada nem resultados que sirvam de base ou parâmetro para comparação.

A falta de tradição em avaliação de políticas públicas, assim como a natural desconfiança em relação à avaliação em geral, traz à cena, também, uma questão não menos séria, porque fundamental: a da metodologia.

Como avaliar um objeto que nem sempre pode ser medido (como reza a tradição de avaliação), como é o caso de políticas públicas? Como apontar erros e

---

5 Texto organizado pela consultora docente Myriam Sampaio, reproduzindo e adaptando texto inédito de Elenice M. Leite, com anuência da autora, utilizando também partes selecionadas do *Guia do Planfor*, do MTE/SPPE.

6 FARIA, Regina, *Avaliação de programas sociais:* conceituação e abordagens metodológicas. Flacso/Brasil, São Paulo, fev. 2000 (mimeo).

correções necessárias sem fazer disso uma punição? Como construir a relação avaliados-avaliadores de forma que a avaliação seja de fato transformadora?

Considerando esse quadro, não é de estranhar que ainda não se tenha evoluído o suficiente na avaliação das políticas públicas de trabalho e renda, até porque a própria construção e implementação da Política Pública de Trabalho e Renda – PPTR no Brasil, quer se trate de políticas ativas ou passivas, é um processo também recente e em desenvolvimento, com as dificuldades adicionais que isso implica.[7]

Assim, não há respostas prontas nem receitas para resolver essa equação tão complexa. De qualquer forma, algumas diretrizes básicas, inspiradas em metodologias de construção de políticas públicas, podem ser apontadas:

- participação de avaliadores e avaliados no processo, com diálogo desde a elaboração do projeto até a apresentação;
- aplicação de seus resultados;
- transparência em todas as fases do processo;
- preocupação com dimensões não só quantitativas, mas sobretudo qualitativas, cobrindo dimensões de eficiência, de eficácia e efetividade social das ações.

Um exemplo de esforços empreendidos, no sentido não só de implementar o processo de avaliação de uma política pública como também de seu aperfeiçoamento gradativo, será comentado a seguir: o caso da EP, política ativa que se traduz no Planfor.

A experiência do Planfor

A literatura especializada sobre avaliação educacional concentrava-se, até recentemente, na questão do rendimento escolar ou do ensino–aprendizagem.

O Planfor propôs e discutiu amplamente, desde o início de sua implementação, um processo de avaliação local (em cada Estado) e nacional (do conjunto das ações) que incorporasse as diretrizes mencionadas, além de enfatizar a necessidade de analisar a articulação entre os processos pedagógicos e o âmbito ou mundo do trabalho. Por outro lado, foi colocada a importância de estudar e aperfeiçoar os próprios processos de construção, tripartites e paritários, da EP como política pública.

A metodologia de acompanhamento e avaliação do Planfor prevê quatro níveis de intervenção, integrados e complementares, além dos mecanismos previstos em lei, a cargo dos órgãos federais e estaduais de fiscalização e de prestação de contas:

---

7 Módulo Políticas Públicas de Trabalho e Renda. In MEHEDFF, Carmen. *A construção da Política Pública de Trabalho e Renda*. Flacso/Brasil: Brasília, nov. 1999.

- supervisão e acompanhamento gerencial – realizado pela STb, no caso dos Planos Estaduais de Qualificação – PEQs, ou pelos parceiros, no caso de projetos nacionais/regionais; no PEQ, esse nível é financiado como projeto especial, complementado pela contrapartida do Estado.
- avaliação externa dos PEQs – contratada pelas STBs, como projeto especial, com recursos do FAT. No período 1996-98, os projetos de avaliação externa foram executados por universidades federais ou estaduais, como projeto especial dos PEQs, situação que deve se manter até 2002. Também está mantida a diretriz, implementada a partir de 1997, de incorporar à avaliação externa as pesquisas de acompanhamento de egressos do Planfor.
- acompanhamento gerencial – sob responsabilidade da SPPE/MTE, com recursos orçamentários e do FAT, mediante ações de apoio técnico aos PEQs e Parcerias Nacionais/Regionais (seminários, oficinas de trabalho, assessorias, visitas), coleta, sistematização e difusão de informações gerenciais sobre o Planfor.
- avaliação nacional – contratada a critério do Codefat, cobrindo a totalidade das ações do Planfor, como mecanismo do Sistema Público de Trabalho e Renda. Foi realizada a partir de 1996 pela Unitrabalho, com prosseguimento, em 1998, pela Ufscar – incorporando o projeto da Unitrabalho. Ao mesmo tempo, dois outros projetos foram implementados em 1998, pela Unimep e pelo Ipea, ampliando o enfoque e a dimensão da avaliação do Planfor.

Todo esse processo foi pensado e orientado para construir e analisar indicadores sobre eficiência, eficácia e efetividade social dos programas, definidos nos seguintes termos:

- eficiência: entendida como grau de aproximação entre o previsto e o realizado, em matéria de treinandos, carga horária, abrangência espacial e setorial, aplicação de recursos – entre outras variáveis;
- eficácia: expressa pelo benefício das ações de EP para os treinandos, em matéria de obtenção ou manutenção de trabalho, geração ou elevação de renda, ganhos de produtividade e qualidade, integração ou reintegração social.
- efetividade social: impactos do Planfor como política pública, do ponto de vista mais amplo das populações, comunidades ou setores beneficiados focalizados.

A construção desse processo e a obtenção de indicadores foram iniciadas no período 1996-98, produzindo resultados imediatamente aplicáveis, mas sujeitos a algumas limitações: o curto tempo de execução dos programas (cujos primeiros concluintes aparecem no final de 1996), a escassez de metodologias testadas para avaliação de políticas públicas em geral e de programas da escala e características do Planfor e, em decorrência disso, a inexperiência de entidades avaliadoras nesse domínio.

Uma inovação e um desafio importante foi a incorporação de pesquisa com acompanhamento de egressos à avaliação do Planfor. No Brasil, a única instituição que realiza acompanhamento sistemático de egressos em escala próxima ao Planfor é o Senai-SP, que implantou um sistema desse tipo a partir dos anos 80. Para construir a metodologia do Planfor, foi aproveitada a experiência, mobilizando também especialistas de universidades e técnicos dos Estados, na construção participativa de um projeto de pesquisa que todos pudessem aplicar.

Um aspecto fundamental desses processos é que não é suficiente – embora importante – avaliar o Planfor apenas pelas taxas de colocação de treinandos no mercado de trabalho, ou seja, pela óptica custo-benefício. Seja porque não se pode assumir que, em si, qualificação possa "gerar" ou garantir emprego, seja porque o FAT financia outros mecanismos para essa finalidade.

Apesar das limitações, os processos avaliativos implementados produziram indicadores e parâmetros, sujeitos, naturalmente, a progressivo refinamento. A seguir, uma relação dos principais indicadores já utilizados ou em construção, nos diferentes Estados, assim como de alguns parâmetros já definidos pelo Planfor, com base em suas premissas e diretrizes do Codefat:

Indicadores de eficiência

- Base: supervisão/acompanhamento gerencial, sistema de estatísticas/informações

Indicadores	**Parâmetros/desempenho esperado**
Meta física – treinandos	Mínimo de 90% da meta mínima do exercício, desde que garantidos os recursos correspondentes; desejável a superação de metas com o mesmo volume de recursos.
Meta física - investimentos	Aplicação de pelo menos 90% do recurso repassado.
Meta contrapartidas	Aplicação do mínimo fixado em lei e do adicional proposto pelo PEQ.
Custo médio aluno-hora	Manutenção ou redução da média de exercícios anteriores (a menos que justificado nos termos da Resolução 194/98).
Custo médio hora técnica	Manutenção dos limites fixados na Resolução 194/98.

continuação

Indicadores	Parâmetros/desempenho esperado
Taxa de evasão	Manutenção ou redução das taxas médias de anos anteriores (10%, em média); aceitável até 15%.
Carga horária/treinando	No mínimo, manutenção da média Planfor (80 horas/treinando).
Focalização população-alvo	Aplicação mínima de 75% dos recursos do FAT e 85% das vagas para os grupos indicados na Resolução 194/98.
Focalização mercado	Encaminhamento ao mercado de trabalho de pelo menos 50% dos desocupados.
Municipalização	Manutenção ou elevação da cobertura municipal de anos anteriores (total e municípios do Comunidade Solidária).

Indicadores de eficácia

- Base: pesquisas de acompanhamento de egressos, componente do projeto de avaliação externa dos PEQs e Parcerias
  - obtenção/manutenção de trabalho/emprego;
  - obtenção/manutenção/elevação de renda/salário;
  - melhoria de produtividade no trabalho;
  - melhoria de qualidade no trabalho;
  - promoção/ascensão profissional;
  - ampliação da informação sobre o mercado/facilidade para procurar trabalho;
  - melhoria de relacionamento no trabalho;
  - melhoria de relacionamento familiar;
  - pertinência da formação em relação ao trabalho;
  - aplicação do aprendizado no trabalho;
  - aplicação do aprendizado conhecimentos na vida privada, familiar;
  - estímulo à continuidade de estudos (supletivos, profissionalizantes);
  - aumento de segurança, auto-estima.

Indicadores de efetividade social

- Base: avaliação externa dos PEQs e Parcerias/Planfor

Dimensões da efetividade	Indicadores
Integração com outros mecanismos de política pública	• Mecanismos do FAT: atendimento a beneficiários do seguro-desemprego, crédito popular, intermediação. • Programas sociais do governo: Comunidade Solidária, educação, saúde, reforma agrária, desenvolvimento econômico.
Promoção de igualdade de oportunidades no mercado/diversidade de gênero, raça/cor, necessidades especiais	• Participação de diferentes grupos da PEA nos programas, segundo perfil regional. • Concepção dos programas levando em conta demandas e características de cada grupo.
Consolidação de nova institucionalidade da EP	• Mobilização da rede de executores dos programas. • Negociação e formação de parcerias entre público privado. • Fortalecimento de CETs e CMTs.
Avanço conceitual-metodológico na EP	• Desenvolvimento e aplicação de metodologias, materiais didáticos inovadores/adequados à população-alvo. • Ganhos de custo, qualidade e escala nos materiais produzidos. • Inserção do tema EP na pauta de debates do setor público e privado, trabalhadores e empresários. • Produção/difusão de literatura especializada.
Promoção do desenvolvimento sustentado	• Preservação ambiental. • Resgate preservação do patrimônio histórico e cultural. • Melhoria de qualidade de vida (saúde, nutrição, moradia).

Projetos inovadores

O modelo de avaliação apresentado, como já se disse, está em construção. Não se pode dizer que nenhum Estado o tenha aplicado plenamente. Avançou-se mais nos indicadores de eficiência e passos importantes foram dados na direção da eficácia, à medida que todos os Estados pelo menos implementaram a pesquisa com egressos. Efetividade social ainda é abordada na forma de tentativa.

Da parte dos avaliadores, a falta de experiência e tradição em avaliação de políticas públicas gerou dificuldades desde a construção e implementação dos projetos até a devolução de resultados que fossem de fato aplicáveis à transformação e melhoria do Planfor.

Ao mesmo tempo, como seria de esperar, foi particularmente difícil, no início, a construção de uma relação produtiva entre avaliados e avaliadores – problema agravado pelo histórico distanciamento da universidade em relação a questões práticas, de execução e implementação de ações, bem como pela tendência do poder público a entender avaliação como fiscalização.

Essas dificuldades vêm sendo gradativamente superadas. Vários Estados conseguiram implementar projetos inovadores, com resultados úteis ao planejamento e revisão de suas ações. Pelo menos vinte Estados lograram, até final de 1998, saber o que aconteceu com seus treinandos (*O que aconteceu com os treinandos dos PEQs*, publicação do Planfor).

Os Parceiros do Planfor também começaram a investir na construção de metodologias adequadas de avaliação, como o Comunidade Solidária, que desenvolveu e aplicou um projeto de avaliação de programas sociais.

Conclusão

O Processo de Avaliação do Planfor, com as características descritas, vem gerando e deve gerar, continuamente, informações que subsidiem processos decisórios, no âmbito das STBs, das CETs/CMTs, do MTE e do Codefat, relativos a:

- redirecionamento, redimensionamento ou mesmo cancelamento de projetos/programas, incluindo remanejamento de recursos, em cada exercício;
- revisão global do Plano, de um exercício para outro.

Só assim a avaliação do Planfor poderá cumprir seu papel de transformar, melhorar, corrigir, o que é fundamental se consideramos que o Planfor não é um simples "programa de treinamento em massa", mas, antes de tudo, uma estratégia de articulação de uma política nacional de EP integrada a um sistema e a uma PPTR ainda em construção, no Brasil.

Além disso, poderá inspirar os mesmos esforços no caso das demais políticas ativas e passivas de trabalho e renda.

Guia de leitura do módulo avaliação de políticas públicas: "A avaliação de uma PPTR em construção"

1) O que é avaliação?

2) Por que e para que avaliar políticas públicas?

3) Quais são as dificuldades e as diretrizes metodológicas para avaliação de políticas públicas, apontadas no texto.

4) Como pode ser entendida a relação entre avaliação e processo decisório?

5) O que avaliar em PPTR?

6) O que prevê a metodologia de avaliação do Planfor?

7) O que a metodologia de avaliação do Planfor propõe como indicadores e parâmetros?

Roteiro para síntese executiva dos relatórios de avaliação externa dos PEQs

Este é um modelo de indicadores a ser utilizado para formatação e síntese do projeto de avaliação externa e devolução de seus resultados aos interessados. As dez questões formuladas são o mínimo que todo projeto de avaliação externa deve responder, com dados e fatos documentados.

1. Considerando que é diretriz do Planfor que os programas de qualificação sejam planejados com base na demanda (e não na oferta de cursos), pode-se considerar que o processo de elaboração do PEQ-... levou em conta:

- tendências e potencialidades do mercado de trabalho local?
- perfil, necessidades e aspirações da população?
- planos, projetos e prioridades de desenvolvimento locais ou regionais?

2. Considerando que é diretriz do Planfor o atendimento a grupos vulneráveis no mercado de trabalho, pode-se considerar que o PEQ-... garantiu cobertura satisfatória – tomando por base a população e a PEA local – a:

- desempregados?
- beneficiários do seguro-desemprego?
- pequenos e microprodutores urbanos/rurais?
- trabalhadores do setor informal?
- trabalhadores sob risco de perda do emprego?
- trabalhadores de baixa escolaridade (aquém do 1º grau completo)?
- beneficiários do Alfabetização Solidária?
- mulheres chefes de família?
- jovens em situação de risco social?
- trabalhadores negros/afro-brasileiros?
- outros grupos étcnico-raciais?
- portadores de necessidades especiais?

3. Tendo em mente a diretriz de articulação institucional do Planfor, no sentido de mobilizar e fortalecer a capacidade e da competência de educação profissional (EP) existente no país, pode-se considerar que o número e o tipo de entidades executoras do PEQ-...:

- são compatíveis com a rede de entidades públicas e privadas de EP existente no Estado?
- refletem uma seleção baseada na competência e experiência dos executores?

- incorporam novos agentes e atores, como sindicatos de trabalhadores, ONGs e outras entidades que possam representar uma nova institucionalidade da EP no Estado?
- contribuem para fortalecer/desenvolver a capacidade de execução local de programas de qualificação?

4. Em matéria de abrangência espacial, pode-se considerar que, no PEQ-...:

- o número de municípios é significativo em relação ao total do Estado?
- os municípios atendidos são de fato prioritários para a política local de geração de trabalho e renda?
- os programas ofertados nos municípios são compatíveis com demandas e potencialidades locais de trabalho e geração de renda?
- a cobertura (quantitativa) de municípios selecionados pelo Comunidade Solidária é significativa em relação ao conjunto do Estado?
- os programas ofertados em municípios selecionados pelo Comunidade Solidário são compatíveis com demandas e potencialidades locais de trabalho e geração de renda?

5. Tendo em mente a diretriz de avanço conceitual do Planfor, pode-se considerar que os programas PEQ-... incorporam um novo conceito de EP, qual seja:

- complementar – e não substitutiva – à educação básica (de 1º e 2º graus)?
- não assistencialista, mas voltada para oportunidades reais de trabalho e geração de renda?
- aberta a trabalhadores usualmente excluídos ou com maior dificuldade de acesso a outras alternativas de formação profissional?
- planejada e gerida em bases democráticas, com participação de Comissões ou Conselhos Estaduais/Municipais de Emprego, fóruns e outras instâncias de participação local?

6. Do ponto de vista da aplicação de recursos, pode-se considerar que o PEQ-... apresenta

- custos-treinando compatíveis com os parâmetros do Codefat ou com o mercado local?
- custos de pesquisas e outros projetos especiais compatíveis com o mercado local?
- otimização de recursos do FAT, buscando parcerias locais?
- volume de investimentos compatível com os níveis de atendimento atingidos (em número de treinandos)?

7. Os programas de qualificação ofertados no PEQ-...

- contemplam integração entre habilidades básicas, específicas e/ou de gestão?

- são inovadores em relação ao que tradicionalmente se faz no Estado?
- têm qualidade comparável à de programas semelhantes ofertados por entidades públicas ou privadas no Estado?
- motivam os treinandos a aprender, a se desenvolver?
- têm carga horária suficiente para os conteúdos que são propostos?
- são ministrados por profissionais que dominam os conteúdos propostos?

8. Os projetos especiais – estudos, pesquisas, metodologias – desenvolvidos no PEQ

- podem contribuir para melhoria/avanço da qualificação profissional?
- os produtos/resultados desses projetos estão sendo aplicados na melhoria do PEQ?
- têm custos compatíveis projetos semelhantes, no mercado local?

9. Considerando os treinandos que fizeram os programas na condição de ocupados, podem-se considerar como principais benefícios da qualificação profissional:

- aumento de produtividade em ____ %, em média, para ____ % dos treinandos.
- melhoria de qualidade no trabalho, para ____ % dos treinandos.
- ganho de auto-estima, confiança, para ____ % dos treinandos.
- elevação de salário/renda em ____ % em média, para ____ % dos treinandos.
- outro(s) impacto(s). (Especificar.)

10. Considerando os treinandos que fizeram os programas na condição de desocupados, podem-se considerar como principais benefícios da qualificação profissional:

- obtenção de trabalho (empregado, autônomo, cooperado) para ____ % dos treinandos.
- ganho de auto-estima, confiança, para ____ % dos treinandos.
- melhoria da renda pessoal/familiar de em ____ % em média, para ____ % dos treinandos.
- outro(s) impacto(s). (Especificar.)

Marco normativo da PPTR: seleção de leis e resoluções

Convênio MTb/Sefor - Flacso/Brasil
Projeto Replanfor: vertente qualificação STBs

MARCO NORMATIVO DA POLÍTICA PÚBLICA DE TRABALHO E RENDA: SELEÇÃO DE LEIS E RESOLUÇÕES (1990-1999)

Leis e Medidas Provisórias

- Lei 7.998/90
  Regula o Programa do Seguro-Desemprego, o Abono Salarial. Institui o FAT.
- Lei 8.019/90
  Altera a legislação do FAT.
- Lei 8.287/91
  Dispõe o benefício do Seguro-Desemprego do Pescador Artesanal.
- Lei 8.352/91
  Dispõe sobre as disponibilidades financeiras do FAT.
- Lei 8.438/92
  Prorroga o termo final do prazo previsto no art. 3 da Lei 8.352/91.
- Lei 8.458/92
  Disponibilidades financeiras do FAT.
- Lei 8.900/94
  Dispõe sobre o benefício do Seguro-Desemprego e altera a Lei 7.998/90.
- Medida Provisória 1.726/98
  Altera a Lei 7.998/90.
- Medida Provisória 1.922/99
  Cria o Fundo de Aval para a Geração de Emprego e Renda – Funproger, altera o art. 11 da Lei 9.365, de 16 de dezembro de 1996, e dá outras providências.

Resoluções do Codefat

- Res. Codefat 63/94
  Estabelece critérios para reconhecimento, pelo Codefat, de comissões de emprego constituídas em nível estadual, do Distrito Federal e municipal, no âmbito do Sistema Nacional de Emprego.

- Res. Codefat 80/95 e retificação
  Altera a Resolução 63, de 28 de julho de 1994, que estabelece critérios para reconhecimento, pelo Codefat, de comissões de emprego constituídas em nível Estadual, do Distrito Federal e Municipal, no âmbito do sistema público de emprego.

- Res. Codefat 81/95
  Regimento Interno do Codefat.

- Res. Codefat 114/96
  Altera a Resolução 80, de 19 de abril de 1995, que alterou a Resolução 63, de 28 de julho de 1994.

- Res. Codefat 138/97
  Integração das Comissões Estaduais e Municipais de Emprego no esforço nacional de combate ao trabalho infantil.

- Res. Codefat 184/98
  Contratação de auditoria externa da execução físico-financeira para os programas financiados pelo FAT.

- Res. Codefat 187/98
  Estabelece critérios para a transferência de recursos para a execução de ações integradas do Programa do Seguro-Desemprego, no âmbito do Sistema Nacional de Emprego - Sine, exercício de 1999.

- Res. Codefat 194/98
  Estabelece critérios para transferência de recursos do Fundo de Amparo ao Trabalhador (FAT), ao Plano Nacional de Qualificação do Trabalhador Planfor, implementado sob gestão da Secretaria de Formação e Desenvolvimento Profissional – Sefor, do Ministério do Trabalho (MTb), por meio de Planos Estaduais de Qualificação (PEQs), em convênio com as Secretarias Estaduais de Trabalho, e de Parcerias Nacionais e Regionais (Parcerias) com instituições governamentais, não governamentais ou intergovernamentais, no âmbito do Programa do Seguro-Desemprego, no período 1999-2002.

- Res. Codefat 196/98
  Altera a Res. 194/98.

- Res. Codefat 197/98
  Estabelece critérios para a transferência de recursos a entidades representativas de trabalhadores e empregadores, sem fins lucrativos, para a execução de ações integradas do Programa do Seguro-Desemprego, no âmbito do Sistema Nacional de Emprego (Sine).

- Res. Codefat 198/98
  Agências do Empreendedor, Proger - SPES e Fundação Banco do Brasil.
- Res. Codefat 199/98
  Pagamento benefício do Seguro-Desemprego.
- Res. Codefat 200/98
  Pagamento Bolsa Qualificação Profissional.
- Res. Codefat 204/99
  Altera a Res. 194/98 (Define critérios para distribuição de programas dos PEQs em 1999).
- Res. Codefat 223/99
  Altera a Res. 194/98 (alocação de recursos nos PEQs e Parcerias, entre população-alvo, outros grupos relevantes e projetos especiais).
- Res. Codefat 224/99
  Estabelece critérios para a transferência de recursos para a execução de ações integradas do Programa do Seguro-Desemprego, no âmbito do Sistema Nacional de Emprego (Sine).
- Res. Codefat 226/99
  Altera a Resolução 81, de 19 de abril de 1995, que aprovou o Regimento Interno do Codefat.
- Res. Codefat 227/99
  Altera a Resolução 80, de 19 de abril de 1995, e revoga parcialmente a Resolução 114, de 1º de agosto de 1996.
- Res. Codefat 231/99
  Dispõe sobre a constituição e implementação do Fundo de Aval para Geração de Emprego e Renda (Funproger), nos termos da Medida Provisória 1.922, de 5 de outubro de 1999 e suas reedições.

3
Os Planos Estaduais de Qualificação Profissional (PEQS) plurianuais (1999-2002)

Problemas previstos no desempenho das STBs, CETs, CMTs

O texto reproduzido a seguir, embora sua linguagem direta e coloquial seja surpreendente nesse tipo de documento, é parte de relatório apresentado em 1997 ao Codefat (e aprovado por este) pelo MTE/SPPE (na verdade pela Sefor, na época responsável pela gestão do Planfor) prestando contas da primeira etapa de implementação do Planfor. Consideramos que ilustra bem o quadro de problemas e potencialidades previsíveis que seria enfrentado no esforço de elaboração dos PEQs plurianuais 1999-2002:

> "Desde 1995, o Planfor era uma idéia, cercada de 'des' por todos os lados – des-crença, des-esperança, des-ânimo, des-alento, des-confiança, des-acordo:
>
> - Um milhão de treinandos em 1996?! Nem até o ano 2000!
> - Treinar desempregados e excluídos com dinheiro do trabalhador?! Abuso!
> - Trezentos milhões do FAT para qualificação?! Não vão gastar nem 30%!
> - Qualificar pra quê? Não há emprego!
> - Não há no Brasil quem vá executar tudo isso!
> - É um Plano feito para dar dinheiro aos 'S'! Maracutaia!
> - Tudo isso para os Estados? Vai ser um 'festival do caqui'!
> - Isso não é metodologia, é só teoria!
> - Esse Plano é mais uma armadilha neoliberal!
> - É um bando de doidos!
>
> Aos poucos, a idéia ganhou créditos e aliados.

No Codefat, nas Comissões de Emprego, nas Secretarias de Trabalho, em universidades, nos sindicatos, em ONGs, nos S.
Alguns arredios, meio que acreditando, meio que com um pé atrás.
Mas muitos decididos, de mangas arregaçadas e mãos na massa.
E foi assim que as idéias começaram a virar Planfor.
Não que tudo tenha sido um mar de rosas.
Ou ficado fácil de uma hora para outra.
Cada etapa foi um aprendizado, de dúvidas e inseguranças.

- Qualificação com foco no mercado e na clientela? É difícil planejar assim!
- Empregabilidade? É um conceito muito vago! Como operacionalizar?
- Esses parâmetros de custo não vão dar certo! E se faltar dinheiro?
- Que negócio é esse de habilidades? Como planejar os cursos?
- Por que vocês não definem logo currículos e carga horária?
- Essa coisa de parceria não funciona! Como fica a licitação?
- Mas tem que licitar tudo?

A cada passo um teste, um 'vamos ver' após outro.

- Vamos ver se conseguem entregar os Planos!
- Entregaram? Vamos ver se assinam esses convênios!
- Assinaram? Vamos ver se esse repasse sai antes de outubro!
- Repassou? Vamos ver se conseguem gastar!
- Gastaram? Vamos ver se fizeram algo que preste!
- Tem coisa boa? Vamos ver na hora de prestar contas!
- Vamos ver...

Com tudo isso, 1996 deslanchou pra valer só em julho.
Foi um ano de seis meses, um quinto dos 30 meses que deve ter o Planfor.
Nesses 20% do tempo, 24% da meta do triênio foi cumprida.
Era para atender 750 mil trabalhadores; bateu em mais de um milhão.
Os Estados, dos R$ 269 milhões repassados, aplicaram 84%.
De certa forma, o ano foi melhor que a encomenda.
Ninguém estourou parâmetros. Nem estouraram escândalos.
Descentralizado, fiscalizado de perto por olho tripartite, o recurso rendeu.
Passou aquela agonia de devolver a maior parte do recurso, sem aplicar.
Houve boas surpresas e novidades no modo de fazer qualificação.
Alianças inimagináveis, parcerias não esperadas.
Acertos e diálogo entre quase opostos.
Governo, academia, empresários, educadores.
Empresários e trabalhadores com ou sem terra, sindicatos.
ONGs, escolas técnicas, Sistema S, universidades...
Conseguiram gerenciar conflitos e trabalhar juntos na qualificação.
Lugares e nomes desconhecidos surgiram no mapa do Brasil.
O Planfor chegou em quase metade dos municípios do país.
E em mais da metade dos menos aquinhoados, do Comunidade Solidária.
O Planfor saiu do 'sul maravilha' e descobriu vários 'brasis'.

Desvendou novos caminhos de trabalho e geração de renda.
Abriu chances novas, no campo, nas comunidades, nos serviços.
Mostrou que trabalho não é só metropolitano, masculino, metal-mecânico.
Jovens, adultos, idosos, portadores de deficiências;
Brancos, negros, pardos, índios, homens, mulheres;
Juntaram diversidade e esperança na qualificação.

- Peixe que vira lingüiça e sapato? Em se pescando, tudo é possível...
- Instaladores de TV a cabo? Essa profissão tem futuro!
- Informática para cegos? Parece milagre...
- Cursos de teatro e música erudita? Qualificação também é cultura!
- Do canavial em crise à criação de pequenos animais? Pode dar certo!
- Artesanato de exportação? Isso dá divisa!

Ainda que tenha sido bom, melhor que o esperado, 1996 foi só um começo.
Até 1999, há chão a percorrer e tudo por aprender.
As avaliações estão em andamento e vão mostrar o muito que falta melhorar.
Certamente não basta qualificar; intermediar é preciso."

Problemas detectados e soluções propostas pelos técnicos e conselheiros

Como etapa final da primeira semana de trabalho com os técnicos das STBs responsáveis pela qualificação profissional, estava previsto outro momento de auto-reflexão. Tinha o objetivo de conduzir os participantes à proposição e discussão das prioridades para o PEQ 1999/2002, com base na revisão e análise conceitual e no balanço do planejamento do PEQ 1996/1998 antes realizados. Tais prioridades deviam configurar, doravante, as diretrizes de cada Secretaria de Trabalho para o próximo quadriênio. Tratava-se, nesse caso, não apenas de traçar rumos, mas também de antever, na medida do possível, as prováveis dificuldades do caminho.

Uma das tarefas dessa oficina consistia, portanto, em levantar, em plenária, os problemas que o futuro poderia estar reservando ao planejamento dos PEQs que seriam implementados com base nessas prioridades. Desse esforço resultaram listas, contendo os problemas previsíveis, tanto para o Plano plurianual quanto, mais detalhadamente, para o PEQ de 1999.

Essa visão prospectiva, entretanto, não se esgotou com a previsão dos problemas. Devia, ainda, se não prever, pelo menos imaginar, soluções para enfrentá-los e, se possível, superá-los, considerando e debatendo a questão da sua factibilidade.

O elenco dos problemas previsíveis e das soluções viáveis para confrontá-los com êxito compôs um desenho bastante acurado do quadro institucional e da ambiência em que os futuros PEQs viriam a ser planejados e implementados.

Para melhor apreender os padrões que ressaltam desse elenco, organizamos os problemas e soluções tal como haviam sido levantados, discutidos e formulados pelos técnicos e técnicas, em cada uma das oficinas, segundo algumas dimensões básicas:

- capacitação, infra-estrutura e organização interna;
- planejamento;
- integração e articulação;
- execução, acompanhamento e avaliação

Na seqüência, apresenta-se o resultado desse procedimento, submetido a discussão e revisão finais.

Problemas previsíveis

Capacitação, infra-estrutura e organização interna

Uma síntese das várias dezenas de problemas relativos a esses temas, que se referem, na verdade, aos pressupostos para uma capacidade plena de gestão dos PEQs, compreenderia a seguinte lista de dificuldades:

- Falta capacitação (leia-se: conhecimento adequado das bases conceituais do Planfor) à boa parte dos técnicos, aos conselheiros (estaduais e municipais), aos escalões administrativos das STBs, aos parceiros e executores dos PEQs.
- O número de técnicos disponíveis para o planejamento e a implementação dos PEQs é muito reduzido (além disso, são poucos os experientes e qualificados para a tarefa).
- Há demasiadas atividades a cargo das equipes técnicas das STBs num curto espaço de tempo.
- O prazo para a elaboração do PEQ é muito limitado.
- Falta às Secretarias, ressalvadas algumas exceções, a infra-estrutura adequada ao funcionamento ideal dos PEQs.
- Há dificuldade de organização das equipes da própria área de qualificação.

Capacitação

O problema da capacitação foi corretamente identificado como crucial para melhorar os perfis dos PEQs. Isso não significa a ausência de quadros qualificados nas equipes técnicas, mas não são muitos nem permanentes.

Tampouco se poderia esperar outra coisa, pois o Planfor representa uma concepção nova tanto do ponto de vista conceitual quanto em termos operacionais. Além disso, a implementação descentralizada de políticas públicas é, por si mesma, uma novidade num país cujo centralismo político-administrativo é notório e histórico.

A carência de capacitação é uma dificuldade geral, mais ainda em contextos de descentralização, que por sua própria natureza tendem ao envolvimento de um número maior de atores. Seu número, com efeito, se multiplica exponencialmente, na medida em que se passa do nível federal ao estadual e deste para o municipal.

No caso do Planfor, política comprometida com uma gestão participativa e tripartite, que articula governo e sociedade civil (trabalhadores e empresários), a qualificação dos atores envolvidos constitui, ao mesmo tempo, um princípio e um mecanismo. O conceito de capacitação deve, nessas circunstâncias, ser compreendido de forma ampla. Abrange não só a aquisição de novos conceitos mas também a aplicação de novos princípios de articulação e gestão, bem como o domínio de informações e o manejo dos instrumentos adequados.

Tudo isso dimensiona a amplitude do universo da capacitação. Ela não é somente para as equipes técnicas da qualificação profissional. Outros quadros, inclusive administrativos, relevantes para implementação dos PEQs, também a requerem.

Do mesmo modo, ela é imprescindível aos conselheiros estaduais e municipais, cujas atribuições e responsabilidades ultrapassam, e muito, a mera homologação dos Planos.

Sem ela, os parceiros governamentais e não governamentais do setor público ou privado, nacionais ou locais, sobre cujos ombros pesa a responsabilidade da execução, não poderão cumprir sua tarefa, segundo os parâmetros de eficácia e efetividade social preconizados pelo Planfor.

Por fim, os não menos importantes instrutores da rede de educação profissional: como poderão eles adequar-se a um paradigma cujos pressupostos, propósitos e mecanismos desconhecem?

Infra-estrutura e organização interna

A implementação do Planfor, nos Estados, conferiu às Secretarias de Trabalho projeção e importância política inéditas. Na mesma proporção de sua visibilidade, cresceram igualmente suas atribuições e responsabilidades. Grande parte delas, porém, não obstante certa reestruturação e redimensionamento, não conseguiu se organizar com a agilidade e eficiência necessárias.

Daí resultaram, em muitos casos, as insuficiências apontadas no levantamento de problemas. O reduzido número de técnicos das equipes de qualificação, em face da multiplicidade de tarefas concomitantes, é uma dificuldade real e ponderável.

Para dar-se conta disso, basta considerar que a programação do PEQ do ano seguinte tem coincidido, em alguns casos, com a deflagração do Plano em exercício. As solicitações provenientes dessas duas tarefas tenderiam, por si só, a esgotar a capacidade de atuação das equipes. Em muitos casos, porém, estas são, ainda, mobilizadas na elaboração do Plano da antiga Secretaria de Políticas de Emprego e Salário – SPES.

Esse quadro se agrava com a falta de um suporte administrativo adequado e ágil. Assim, são freqüentes as situações em que "todos fazem de tudo" e atabalhoadamente, dada a exigüidade do cronograma de elaboração dos Planos. O efeito dessa premência, por sua vez, enreda de tal forma as equipes técnicas na teia de suas atividades que lhes resulta impossível deter-se em tarefas de organização interna, embora reconheçam sua necessidade e importância.

Esse ponto revela que não bastaria dimensionar mais generosamente o quadro de pessoal destinado à qualificação, ainda que isso também seja necessário. Igualmente importante é o redimensionamento organizacional dos recursos humanos disponíveis ampliando sua capacidade produtiva, pois mesmo equipes numerosas se ressentem da falta de otimização do seu potencial.

Planejamento

A missão do Projeto Replanfor era a de apoiar as Secretarias de Trabalho nos vinte e seis Estados da Federação e Distrito Federal no processo de elaboração dos seus respectivos PEQs. Em conseqüência, o eixo central de sua intervenção foi o planejamento, com suas numerosas implicações. Esta é a síntese dos entraves identificados por técnicos e técnicas:

- Ingerência dos superiores hierárquicos, que não observam conceitos e diretrizes do Planfor.
- Pouco conhecimento e clareza sobre os princípios e diretrizes do Planfor, por parte de todos os atores envolvidos no processo de planejamento dos PEQs (equipes técnicas, conselhos, executores, parceiros, escalões administrativos).
- Dificuldade na identificação da demanda (atual e previsível) do mercado de trabalho.
- Dificuldade no levantamento dos dados necessários à formulação dos PEQs.
- Dificuldade em conhecer o perfil socioeconômico do(s) Estado(s).
- Dificuldade na identificação das clientelas prioritárias.
- Dificuldade em quantificar e acessar a clientela de pequenos e micro-produtores; beneficiários do seguro-desemprego; trabalhadores autônomos, por conta própria e autogestionados; desocupados.
- Dificuldade em acessar as clientelas preferenciais (mulheres chefes de família; portadores de necessidades especiais; jovens candidatos ao primeiro emprego e em situação de risco social etc.).

- Conhecimento insuficiente da REP, do ponto de vista quantitativo e qualitativo.
- Desarticulação da rede de educação profissional e resistência desta ao novo paradigma de EP.

Para comentar esse conjunto de problemas previsíveis e as propostas de solução registrados no decorrer do trabalho, convém, nesse caso, ordená-lo segundo as diretrizes básicas do Planfor, que deviam nortear a projeção adequada do futuro na área de qualificação profissional. Tais diretrizes se referem a foco na demanda do mercado de trabalho, demanda da PEA (clientelas prioritárias) e oferta de educação profissional (REP).

Convém, no entanto, considerar alguns problemas prévios, relacionados com as condições básicas, indispensáveis a um planejamento consistente. Todos eles perpassam, igualmente, as outras dimensões analisadas, o que não impede recordá-los, dada a sua importância estratégica.

São eles: pouca experiência e preparo específico das equipes (além do reduzido número de componentes destas); precariedade do apoio administrativo e institucional (pouca autonomia dos(as) técnicos(as), em face dos formadores de decisão); prazos exíguos e concomitância de tarefas (planejamento, execução); e precariedade de recursos informáticos.

A problemática do planejamento, tal como a levantaram os(as) técnicos(as), gira, essencialmente, em torno da informação. Nesse sentido, o elenco de problemas registra três situações típicas. Primeira: as informações não existem e os técnicos precisam produzi-las. Segunda: as informações existem, mas as equipes precisam localizá-las. Terceira: as informações são acessíveis, mas é preciso saber manejá-las.

Essa é, em todos os níveis e dimensões, do ponto de vista técnico, a questão central do planejamento.

Foco na demanda do mercado de trabalho

A palavra "demanda" representou um dos principais obstáculos ao planejamento dos PEQs, tal como era almejado pelo Planfor. O termo foi muitas vezes assimilado de forma equivocada pelos atores envolvidos com a Qualificação Profissional. Muitos compreenderam mal o conceito, que depende, efetivamente, do ponto de vista. Não admira, pois, que se prestasse a mal-entendidos.

Nesse sentido, acabou predominando o mais óbvio e o mais fácil: considerar "demanda" o interesse da rede de estabelecimentos de ensino profissional, na venda dos seus serviços aos PEQs. Também os municípios interpretaram o termo desse modo, atendendo às solicitações das STBs com listas de cursos, a serem ministrados no seu âmbito.

Do ponto de vista do Planfor, entretanto, tudo isso não passa de oferta. "Demanda" é outra coisa. Consiste naquilo de que o mercado precisa para suprir suas necessidades, em termos de força de trabalho, sejam elas atuais ou potenciais. É, em suma, o que é procurado para manter, expandir ou implantar atividades produtivas. Refere-se a oportunidades concretas de geração de trabalho e renda.

Identificar tais oportunidades (atuais ou previsíveis) e preparar-se para aproveitá-las é o objetivo do planejamento com foco na demanda. Trata-se, pois, de saber onde e em que tipo de atividades ou ocupações será (ou poderia ser) gerado trabalho e renda a curto, médio e longo prazos.

No período inicial do Planfor, a interpretação que prevaleceu foi a primeira. De acordo com uma bem-estabelecida tradição, os recursos do FAT eram vistos como indicadores de uma demanda do poder público, cujo atendimento vinha ao encontro dos interesses dos prestadores de serviços, na área de qualificação profissional.

Reproduziu-se, desse modo, uma cultura à qual toda a filosofia do Planfor pretendia se contrapor e cuja inércia impedia, justamente, a refocalização do ensino profissional para colocá-lo a serviço, não da rede de executores, mas do mercado no sentido mais amplo, ou seja, das demandas dos diversos setores econômicos e da população.

Cruciais, nesse sentido, são as informações, com base nas quais se torna possível resolver a equação fundamental: que tipos de ocupações, onde e em que quantidade são (ou serão) necessários para atender às oportunidades de trabalho, geradas por tais ou quais atividades econômicas, em tais ou quais lugares, imediatamente ou no futuro próximo.

Para isso, são imprescindíveis informações, quantitativas e qualitativas, mais ou menos sistematizadas, dados secundários ("frios") e dados primários ("quentes") relativos não só ao presente mas também aos cenários prospectivos do desenvolvimento previsto ou provável dos Estados.

Os obstáculos para a obtenção desses insumos indispensáveis ao planejamento têm sido e, provavelmente, continuarão a ser de variada natureza. A pouca articulação no âmbito governamental, por exemplo, pode dificultar o acesso aos planos estratégicos de desenvolvimento que, em alguns casos, nem sequer existem. Assim, não será possível contar com os dados contidos nesses cenários prospectivos para estimar demandas futuras de qualificação.

Por outro lado, a inexistência, insuficiência ou inoperância das CMTs, que cumprem a função de "antenas" do mercado de trabalho local, poderá dificultar bastante o levantamento das demandas de mercado, na esfera municipal.

Esse quadro se complica quando consideramos que a absoluta maioria dos Municípios não dispõe de perfis socioeconômicos devidamente elaborados e tampouco de planejamento estratégico, reduzindo-se, pois, drasticamente, a disponibilidade de dados mais precisos sobre seus mercados de trabalho, em termos atuais e futuros.

Um terceiro fator, ainda, pode agravar a situação: os Municípios (com exceção, talvez, dos de maior porte) não recebem as orientações necessárias ao levantamento acurado de dados socioeconômicos, o que os impede de responder, adequadamente, às consultas das STBs sobre possíveis demandas dos setores produtivos.

Seja em virtude do desconhecimento de sua real vocação, seja por outros motivos (interesses políticos e/ou corporativos), raramente as demandas "levantadas" correspondem às necessidades efetivas dos municípios.

A problemática dos dados, no entanto, não deve, de modo algum, ser tomada em termos absolutos. Informações existem, algumas até bastante elaboradas. O problema é que não circulam. Nesse sentido, falta uma articulação mais estreita e eficiente com os seus detentores e, quando esta se dá, falta a capacidade para utilizá-las, com vistas à elaboração dos PEQs.

Foco na demanda da PEA (população-alvo)

Outro tipo de demanda que carece de informações para ser atendida é a da PEA. Os dados sobre a População Economicamente Ativa, no plano municipal, são praticamente inexistentes. Quando existem, não estão desagregados.

Esse fato dificulta a identificação das clientelas prioritárias, de quem não se sabe quais são, qual seu perfil e onde se encontram, em cada Município. O mesmo acontece com os segmentos mais vulneráveis da PEA, credores de acesso preferencial às ações planejadas no âmbito dos PEQs. Uma dificuldade adicional, nesse caso, é a articulação deficiente das representações desses segmentos e, portanto, sua reduzida capacidade de reivindicação.

Por isso, é provável que, em muitos casos, as considerações do planejamento permaneçam restritas à distribuição de metas por programa e de recursos por Município, sem maior preocupação com o atendimento dessas clientelas, o que, sem dúvida, tem contribuído para limitar a vigência de um princípio fundamental do Planfor.

Oferta de educação profissional – EP

O planejamento dos PEQs não deve considerar, apenas, o dinheiro proveniente do Fundo de Amparo ao Trabalhador - FAT. Deve, ao contrário, considerar o montante total, destinado às atividades de qualificação, no Estado. É com base nessa informação que serão tomadas as decisões sobre a melhor maneira de alocar os recursos do FAT.

Para cumprir essa tarefa, no entanto, são necessários dados quantitativos e qualitativos sobre a REP. Sua capacidade operacional e o volume de recursos que mobiliza são, nesse sentido, informações essenciais.

Além disso, seriam úteis noções mais precisas sobre o perfil da REP, ou seja, um conhecimento, tão acurado quanto possível, sobre as características das entidades que a integram: tipos de curso, vagas disponíveis em cada um deles, clientelas atendidas, qualidade do ensino ministrado, certificação oferecida etc.

Os insumos existentes para esse fim permanecem, de um modo geral, insuficientes e insatisfatórios. Os cadastros de entidades de educação profissional não contêm (exceções à parte) os subsídios necessários ao grau de precisão que requer um planejamento criterioso.

O ponto crítico, nesse caso, tem sido a incompreensão da utilidade instrumental dos Projetos Especiais, destinados, justamente, à produção das informações necessárias ao aperfeiçoamento dos PEQs.

Por fim, considerando-se a ainda insuficiente compreensão e assimilação das diretrizes do Planfor, é possível prever a continuidade de alguns obstáculos, que se refletem, também, no planejamento. Um exemplo são as resistências de alguns dos executores tradicionais, na área, aos parâmetros, tanto conceituais quanto operacionais, propostos pelo novo paradigma de educação profissional.

Integração e articulação

Um dos pilares de sustentação da política de qualificação profissional, preconizada pelo Planfor, juntamente com o avanço conceitual e o apoio à sociedade civil, é o princípio de articulação institucional.

Esse princípio, com efeito, deve perpassar todo o espectro da Política Pública de Trabalho e Renda (PPTR), afetando particularmente o segmento da qualificação. A propósito do tema, configurou-se o seguinte conjunto de dificuldades:

- Falta articulação efetiva entre as ações da Sefor e da SPES (atualmente, departamentos da SPPE).
- Falta integração das ações do Sistema Público de Emprego, no nível estadual (leia-se: entre a Área da Qualificação e o Sine).
- Falta maior articulação entre a Sefor e as equipes técnicas das STBs.
- É difícil mobilizar parceiros governamentais e não governamentais capazes de contribuir para a otimização dos recursos do FAT (tanto no planejamento, quanto na execução).
- É precária a articulação entre as equipes técnicas das STBs e os Conselhos/ Comissões de Trabalho/Emprego (e também daquelas com os CMTs/CMEs).

Os dois primeiros problemas surgem, de um modo geral, em estreita correlação. O segundo é, muitas vezes, considerado, pelos técnicos, como reprodução do primeiro no nível estadual. Esse argumento permite atribuir a manifesta falta de integração das ações, na maioria das unidades federativas, a uma instância superior e exterior à esfera de influência imediata das STBs.

Se a afirmação contém alguma verdade, é certamente parcial. Alguns Estados estão em vias de resolver esse problema adotando estratégias próprias, que têm levado a uma razoável convergência das ações nos diversos programas.

Salvo raríssimas exceções, as equipes da qualificação consideram boa sua relação com a Sefor. Tendem mesmo a solicitar maior presença da Secretaria, não só para mitigar inseguranças e esclarecer dúvidas mas também para dialogar, face a face, sobre suas dificuldades e êxitos. O Replanfor foi interpretado como passo oportuno e bem-vindo, nessa direção.

Outra dificuldade levantada, tanto para o planejamento quanto para a execução do PEQ, diz respeito às parcerias, dentro do próprio setor governamental e, fora dele, na sociedade civil. Mobilizar outras secretarias de Estado e órgãos do governo, tornando-os partícipes na construção da política, não é fácil, pois contraria a cultura da gestão compartimentada (leia-se: não sistêmica) do aparelho de Estado e das políticas públicas, sobretudo quando se trata de alocação de recursos.

Igualmente complexas são as parcerias que envolvem a iniciativa privada, a qual reluta em mobilizar recursos financeiros, negociar custos ou oferecer outros tipos de contrapartida, como a elevação da escolaridade das clientelas prioritárias.

A origem desse problema é, manifestamente, a própria natureza do setor público, sem tradição em matéria de parcerias, cristalizado segundo um modelo do Estado provedor, cuja relação com o setor privado tem sido a de mero "comprador de produtos e serviços", papel que quase sempre exerceu da pior forma: pagando caro por um mau produto.

Da mesma forma, a integração/articulação com o Conselho/Comissão estadual está longe de ser satisfatória. O perfil desse Conselho (salvo raríssimas exceções) é ainda de mero homologador dos Planos. O tema da qualificação permanece pouco conhecido por boa parte de seus membros, mais empenhados em assegurar o melhor quinhão para suas respectivas entidades do que em supervisionar o PEQ, que percebem como sendo demasiadamente técnico.

Os problemas envolvendo os Conselhos/Comissões municipais são igualmente bastante complexos. Em muitos casos, essas instâncias nem sequer existem ou existem mas em número muito reduzido.

Sua criação enfrenta consideráveis dificuldades, as quais partem sobretudo do Executivo municipal, que não compreende (ou teme) sua importância e seu papel. Onde existem, não funcionam ou funcionam de modo precário (salvo nas capitais ou em alguns municípios de maior porte).

Essa precariedade tem a ver com a reprodução, na escala municipal, de algumas das deficiências que caracterizam seus congêneres no plano estadual. Entre elas está a limitada consciência que têm os conselheiros do seu papel, somada à falta de preparo técnico para o exercício de suas atividades.

Do ponto de vista da relação dos CMTs/CMEs com as equipes técnicas, pesa a maior ou menor quantidade deles. Esse fator se agrava, em alguns casos, em função das dimensões territoriais do Estado, que encarecem e dificultam os deslocamentos de técnicos e conselheiros. Os dispositivos informáticos, que poderiam minimizar essa dificuldade de comunicação e interação, permanecem raros, mal distribuídos, e sua utilização depende de uma competência, também ela relativamente escassa.

Assim, há carência de mecanismos de integração/articulação sistemática. As relações tendem, portanto, a ser pontuais, suscitadas pelas demandas das equipes técnicas, quando estas precisam atender alguma urgência do PEQ. Embora frutíferas, em termos imediatos, não se inserem, pois, numa estratégia conseqüente de construção das relações e competências, capaz de tornar produtivo o apoio dessa instância a uma formulação e gestão cada vez mais próxima do paradigma proposto pelo Planfor.

Execução, acompanhamento e avaliação

O termo execução, tal como definido pelo Guia do Planfor, compreende dois aspectos distintos. Significa, em primeiro lugar, execução do convênio, ou seja, "gestão, administração, implementação, supervisão, prestação de contas, acompanhamento, avaliação do conjunto de programas e projetos objetos de um dado convênio, sob responsabilidade da entidade convenente" (1999:42). Em segundo lugar, refere-se à "implementação de programas e projetos a cargo de executores especificamente contratados para essa finalidade".

Como se trata, no caso, de uma dimensão complexa, que abrange múltiplas atividades, muitos e variados atores, com suas qualidades, limitações e interesses, técnicos e técnicas registraram um considerável número de problemas, assim resumidos:

- Não há recursos humanos suficientes (e experientes) para conciliar planejamento e execução dos PEQs no tempo disponível.
- Há dificuldades logísticas para a execução/supervisão gerencial dos PEQs (infra-estrutura x características geográficas).
- A liberação dos recursos financeiros destinados aos PEQs é muito demorada.
- Falta agilidade na tramitação dos processos, no âmbito estadual, em virtude do aparato legal, excesso de burocracia e/ou "falta de sensibilidade".
- Existem dificuldades relacionadas com a seleção e negociação com as entidades executoras.
- Falta divulgação das ações dos PEQs (internamente e junto à sociedade).
- Existem dificuldades de avaliação dos PEQs, em todos os níveis.

- Falta instrumental de supervisão e acompanhamento dos Programas.
- Há dificuldade de obter os produtos de avaliação externa, em tempo hábil e com qualidade, de modo que sejam aproveitados para o aperfeiçoamento dos PEQs.
- Tem faltado aos técnicos a habilidade necessária para aproveitar os Projetos Especiais, com vistas ao aprimoramento dos PEQs.
- As ingerências políticas e corporativas dificultam a execução dos PEQs.

Além dos problemas de pessoal, infra-estrutura e logística, que afetam a execução e suas atividades derivadas, e que já mereceram comentário à parte, a questão dos recursos é uma dificuldade fundamental apontada, sem exceção, por técnicos e técnicas, seja quanto aos montantes alocados, seja quanto à demora em seu repasse.

A primeira é uma queixa recorrente, que toca em vários pontos nevrálgicos. Um deles é a celeuma em torno da distribuição dos recursos do Planfor aos Estados. Sempre polêmica, essa questão tem gerado ressentimentos nos que se sentem preteridos.

Além disso, num contexto social marcado pela escassez crônica de recursos, qualquer quantia resulta insatisfatória, diante da multiplicidade de candidatos à divisão do bolo. Nessas circunstâncias, torna-se muito difícil conciliar interesses e expectativas com disponibilidades.

Outro problema é o da chegada dos recursos aos Estados. Inicialmente, o repasse era tardio, o que valeu às Secretarias de Trabalho o epíteto de "secretarias da primavera". Essa transferência, no entanto, vem sendo progressivamente antecipada pelo MTE. Apesar disso, grande parte dos PEQs continua a ser implementada somente a partir de meados do ano.

As conseqüências desse fato são óbvias. Demandas emergenciais deixam de ser atendidas; clientelas prioritárias, como os beneficiários do seguro-desemprego e do crédito popular, não são alcançadas a tempo; projetos mais extensos ficam impossíveis de executar; as cargas horárias dos cursos tendem a ser reduzidas, e assim por diante.

A persistência dessa sazonalidade é, certamente, um problema previsível na implementação dos PEQs, porque a regularização do fluxo de recursos financeiros não depende apenas dos repasses federais. Depende, também, da maior ou menor agilidade que se imprime à tramitação dos processos no âmbito estadual. Aí, no entanto, têm predominado a lentidão e a falta de homogeneidade dos procedimentos burocráticos.

Esses, porém, não são os únicos fatores que entravam a deflagração dos Planos. Também as dificuldades inerentes à seleção e, depois, à negociação com as entidades executoras contribuem bastante nesse sentido. A escolha dos executores supõe um grau de conhecimento da rede de educação profissional que as STBs ainda não possuem, pelos motivos expostos nos comentários feitos à dimensão planejamento. Supõe, igualmente, a especificação do elenco de critérios estabelecidos no Guia do Planfor (1999:43), para o contexto local.

Isso sempre traz consigo certa carga de conflito, ele mesmo revelador da falta de clareza na compreensão e delimitação do papel que cabe a cada um dos atores nesta matéria. As STBs, por exemplo, que são as executoras do convênio, consideram essa definição prerrogativa sua. As equipes da qualificação, por sua vez, gostariam que critérios técnicos fossem os norteadores dessa seleção, porque, de um lado, temem os interesses políticos dos escalões dirigentes e, por outro, um possível viés corporativo dos conselheiros. Estes últimos costumam, nessas horas, sair de sua passividade, invocando as atribuições, que lhes garantem participar desse processo. Em resumo: essa é uma situação complexa e delicada, que por isso mesmo demanda tempo para levar as negociações a bom termo.

Definidos os critérios, começa a negociação com as entidades proponentes. Momento também difícil, porque implica uma inevitável queda-de-braço, a propósito do dimensionamento dos recursos a serem aplicados em cada programa de qualificação.

O que move as Secretarias, nessa oportunidade, é a otimização dos recursos, de modo que garanta ou supere as metas projetadas para o exercício, sem comprometer o conjunto da ação formativa. Os proponentes, em contrapartida, abrem um leque de resistências, que abrange o questionamento dos parâmetros de custo, da especificidade da clientela e da adequação de metodologias e conteúdos (ou seja, dos vários requisitos necessários ao atendimento das singularidades da Educação Profissional, no âmbito do Planfor).

Muitos dos obstáculos ao aprimoramento dos PEQs, relacionados com essa dimensão (execução, acompanhamento e avaliação), podem ser encontrados em praticamente todos os Estados. Poucos são aqueles que se declaram satisfeitos no terreno do acompanhamento individual e da avaliação externa. São reiteradas as observações da falta de instrumental (parâmetros incluídos) para a supervisão e acompanhamento de programas.

As dificuldades que cercam a avaliação externa são, igualmente, gerais. Na melhor das hipóteses, os Estados recebem produtos de pouca utilidade para o aperfeiçoamento dos PEQs. Demasiado extensos e às vezes rebuscados, revelam-se de difícil assimilação pelo público ao qual se destinam. Além disso, os técnicos não sabem o que fazer com os dados que lhes são oferecidos. Na pior das hipóteses, esses relatórios chegam tardiamente, quando não podem mais ser aproveitados para quaisquer incrementos do Plano.

A responsabilidade por essa situação deve-se a um mal-entendido geral. Ao encarregar as universidades da avaliação externa, o MTE as supunha detentoras dos saberes e tecnologia adequados a essa tarefa. O mesmo aconteceu com as Secretarias, cujo temor reverencial à instituição acadêmica não lhes permite uma negociação prévia e precisa do termo de referência para avaliações. A própria academia, por sua vez, tradicionalmente distanciada do cotidiano das políticas públicas, nem sempre se dá conta das peculiaridades inerentes à tarefa que lhe foi atribuída, na construção do novo paradigma.

Propostas de solução

Capacitação, infra-estrutura e organização interna

Capacitação

Soluções para os problemas relacionados às gerais e reconhecidas carências de qualificação, foram vislumbradas em diversas ações:

- Implementar, por meio de Projeto Especial, um programa de formação de formadores.
- Qualificar os diversos atores envolvidos com o planejamento e/ou implementação dos PEQs (assessorias técnicas, administrativas e jurídicas das STBs; CETs/CEEs; CMTs).
- Criar um grupo de estudos semanal dos(as) técnicos(as) da Área de Qualificação, para melhor conhecimento, discussão e implementação das diretrizes do Planfor.
- Promover reuniões de divulgação da Resolução 194/98 do Codefat, visando informar e sensibilizar os setores pertinentes das STBs, as CETs/CEEs, as CMTs, os executores e demais parceiros, para a importância da aplicação das diretrizes do Planfor.
- Com base nos produtos já elaborados pelos Projetos Especiais, no âmbito dos PEQs, criar um programa de capacitação para os Conselhos/Comissões.

Podemos considerar que essas soluções tendem a confluir no mote "formação de formadores", pois todas as propostas destinam-se àqueles atores e/ou instâncias de cujas ações dependerá, em maior ou menor grau, a fidelidade dos PEQs aos princípios conceituais e às normas operacionais do Plano Nacional de Qualificação do Trabalhador – Planfor.

Com essa perspectiva, as equipes técnicas não consideravam satisfatória uma qualificação apenas pontual. Quando pensavam nas suas próprias tarefas e na maneira de melhor executá-las, os(as) técnicos(as) foram quase unânimes: é necessária uma capacitação permanente. Essa mesma receita foi recomendada para os Conselhos/Comissões, estaduais e municipais. O acerto dessa proposta foi, aliás, corroborado pelos próprios membros dos CETs/CEEs, que reconheceram sua necessidade e urgência.

As preocupações das equipes com a execução dos PEQs, sobretudo com os aspectos qualitativos da educação profissional, trouxeram consigo duas idéias.

A primeira foi a de informar, mais densa e sistematicamente, seus atuais (e potenciais) executores: as entidades que implementam programas de EP financiados com recursos do FAT.

Como a qualidade da EP, contudo, depende também dos instrutores, que estão na ponta e são os responsáveis últimos pela qualidade educacional dos programas, surgiu, repetidamente, a proposta de criar, ainda que de forma experimental (e para setores determinados), cursos de capacitação destinados a esses agentes.

Nesse sentido, revelou-se a urgência de uma discussão aprofundada em torno da integração de habilidades básicas, específicas e de gestão, que não foi, até agora, compreendida, assimilada e praticada. O resultado dificulta a adequação das habilidades ao público das diversas ações qualificadoras, o que é um poderoso fator de desestímulo e, portanto, de evasão.

Infra-estrutura e organização interna

Todas as propostas, nesse campo, convergem para três tipos distintos, porém complementares, de atuação: ampliar, delimitar e organizar. O elenco de soluções é, neste sentido, bastante simples e claro:

- Ampliar o quadro de pessoal das STBs, em todos os setores e, particularmente, a equipe da Qualificação (alternativas: mais servidores e/ou estagiários).
- Definir, com nitidez, as atribuições efetivas do setor de Qualificação (leia-se: livrar-se das tarefas adicionais, necessárias à agilização do PEQ).
- Promover uma reestruturação interna das equipes, para otimizar tempo e trabalho.
- Promover a reestruturação física dos setores, visando dotá-los dos meios (espaço e equipamento), necessários à realização de suas atividades-fim.

Planejamento

Além das reivindicações de ampliação de quadros e melhoria da infra-estrutura e organização interna, o levantamento de propostas de solução para os problemas do planejamento resultou no elenco de ações abaixo:

- Expor os conceitos e diretrizes do Planfor aos superiores hierárquicos das STBs, visando sensibilizá-los quanto à necessidade de sua implementação rigorosa.
- Realizar seminários para divulgar os conceitos e diretrizes do Planfor, no âmbito das instâncias governamentais a serem mobilizadas no planejamento dos PEQs.

- Promover foros, encontros e visitas *in loco* para divulgar o Planfor (conceitos e diretrizes), visando à construção e consolidação de parcerias.
- Mobilizar fontes para o levantamento de dados "quentes" sobre a PEA, a REP e as demandas do mercado de trabalho.
- Promover levantamentos sistemáticos de dados sobre o setor produtivo junto a órgãos, como o Sine e as Secretarias de Planejamento, Indústria e Comércio, Obras Públicas, Turismo etc.
- Vincular os PEQs aos Planos de Desenvolvimento Sustentável dos Estados.
- Levantar e sistematizar os dados relativos às clientelas prioritárias, junto às fontes pertinentes, utilizando recursos destinados a Projetos Especiais.
- Analisar o cadastro de instituições de EP para recolher dados específicos, necessários ao atendimento das clientelas preferenciais.
- Criar e/ou ampliar bancos de dados sobre EP, visando atualizar, aperfeiçoar e consolidar o cadastro de entidades de EP.

As políticas públicas em geral e, mais ainda, sob a égide da descentralização dependem não somente de um determinado saber técnico mas também de um ingrediente chamado "vontade política". A presença (ou ausência) desta, em maior ou menor grau, no entanto, decidirá, por sua vez, o possível êxito (ou fracasso) dessas políticas. Com o Planfor não poderia ser diferente, sobretudo se considerarmos o caráter radicalmente inovador de sua concepção e operacionalização.

São, pois, absolutamente previsíveis certas resistências, originadas seja pela estranheza, fruto da incompreensão, seja pela insegurança inerente aos processos de transformação, seja, ainda, pelo(s) interesse(s) contrariado(s). Todos esses fatores foram coligidos sob o rótulo (queixoso ou acusatório) da "falta de sensibilidade".

Assim adquirem sentido as reiteradas propostas de ações sensibilizadoras, destinadas, em primeiro lugar, aos detentores de posições de mando, nas STBs, mas, para além destes, a todos os possíveis parceiros envolvidos com os PEQs. Da vontade política dependem tanto o respaldo das equipes técnicas quanto as articulações, internas e externas, estabelecidas por iniciativa dos governos, com os demais atores relevantes para a qualificação profissional, nos Estados e Municípios.

A sensibilização, porém, começa inevitavelmente pela divulgação dos propósitos, fundamentos conceituais e procedimentos operacionais, visando a seu esclarecimento sistemático e pormenorizado e, a partir dele, ao convencimento e à adesão do maior número possível desses atores.

Além do respaldo político, no entanto, os(as) técnicos(as) precisam de informação. Daí o consenso sobre a importância de uma base de dados, sólida, atualizada e confiável, capaz de oferecer suporte ao planejamento: identificando o perfil socioeconômico de cada Estado e Município para o levantamento e análise de suas demandas atuais e previsíveis (e para priorizar essas demandas); levantando a PEA e a REP locais; intensificando a compatibilização das ações com os planos de desenvolvimento (inclusive municipais), para estabelecer critérios seguros de alocação dos recursos dos PEQ(s).

Essa base de dados exige todo um processo de construção das informações, desde sua busca/coleta até sua atualização (permanente), organização e sistematização. Isso, na maioria dos casos, é incipiente, e por sua vez requer competência técnica, ou seja, capacitação.

Integração e articulação

Como instrumento da Política Pública de Trabalho e Renda, o Planfor postula crescente integração com outros programas e projetos financiados pelo FAT. Nesse sentido, a articulação institucional constitui a diretriz básica para sua possível consolidação no decorrer do quadriênio 1999/2002.

O cumprimento desse mandato foi contemplado nos seminários/oficinas de planejamento, dos quais emergiu o seguinte elenco de estratégias:

- Articular parcerias com atores governamentais e não governamentais.
- Promover reuniões e seminários para a integração das ações da PPTR.
- Incorporar novos atores às ações dos PEQs.
- Estimular as entidades executoras com vistas à obtenção de parcerias para a elevação da escolaridade das clientelas do Planfor.
- Promover reuniões e seminários para melhor articular a interface Sines – STBs e dessas com outras entidades públicas e privadas, tendo em vista a otimização dos recursos do FAT.
- Reunião com órgãos governamentais afins para expor o programa e convidá-los a participar do planejamento.
- Intensificar a articulação com a REP e outros agentes envolvidos para garantir o atendimento às clientelas do Planfor.
- Intensificar as relações com os CETs/CEEs e CMTs/CMEs.

A qualidade e a factibilidade dos PEQs, segundo normas e diretrizes do Planfor, dependem, em grande parte, do relacionamento intra e interinstitucional.

Esse relacionamento toma a forma de articulação e/ou integração, no plano estadual, por exemplo, das STBs, com as CETs, e de ambas com as CMTs, sindicatos, associações de classe, entidades executoras, organismos públicos e privados, outras áreas das próprias STBs, outras Secretarias (Planejamento Agricultura Educação etc.) e avaliadores externos.

No plano interestadual, se articula principalmente com outras STBs, outras CETs e até com outras CMTs. E, finalmente, no plano federal, sobretudo, com a MTE/SPPE e o Codefat.

A coordenação de todo esse processo, nos Estados, implica não só o domínio de um aparato técnico, uma fina sintonia dos tomadores de decisão, no plano político/administrativo, como também vínculos mais estreitos com a sociedade organizada.

Essa afinação será necessariamente gradual e, portanto, inicialmente imperfeita. Só seu reiterado exercício, porém, será capaz de se sobrepor à gestão centralizadora, compartimentalizada e excludente dos assuntos públicos, historicamente avessa à participação da sociedade civil.

Execução, acompanhamento e avaliação

Dar conta da multiplicidade de tarefas que compõem a execução, o acompanhamento (supervisão) e a avaliação de um PEQ exige uma enorme capacidade de gestão. São, nesse sentido, significativas as soluções aventadas:

- Convencer o governo do Estado a manter um corpo técnico estável, capaz de assegurar a continuidade gerencial do PEQ.
- Adequar a legislação relativa aos processos licitatórios ao objeto específico da EP.
- Qualificar a assessoria jurídica das STBs (ou contratar consultoria).
- Envolver CMTs e outros parceiros municipais no desenvolvimento das ações dos PEQs.
- Mobilizar as instâncias superiores das STBs para acelerar o processo de informatização das mesmas.
- Realizar seminários e encontros, com os agentes executores, para intensificar o processo de negociação com eles.
- Adotar uma postura mais firme diante das entidades executoras, nos processos de negociação.
- Estudar a contratação de consultorias para identificar executores com isenção e capacidade e experiência.
- Aperfeiçoar os processos de pré-qualificação de executores.
- Elaborar um plano de marketing para o PEQ.
- Buscar novos parceiros para a avaliação externa.
- Convencer os avaliadores externos da importância do produto e do prazo, para o planejamento do PEQ.
- Solicitar aos avaliadores externos um resumo executivo de seu trabalho, com a síntese das principais conclusões.

Esse conjunto de propostas evidencia um fato: as Secretarias de Trabalho amadureceram. Estão conscientes de suas funções e tenderão, pois, a ser, as gestoras e coordenadoras da PPTR nos Estados. A implicação mais imediata desse fato é que terão de exercer, com habilidade e autoridade, seu papel de negociadoras e articuladoras das ações. Deverão, por isso mesmo, atuar cada vez mais extramuros.

Esse tipo de abertura, entretanto, não é um processo simples, porque envolve competência técnica, respaldo político, clareza de propósitos e firmeza na interlocução. Mas, sobretudo, envolve a disposição de dialogar, propor (e contrapropor), compartilhar decisões, contrariar interesses e agir de modo transparente.

Trata-se, pois, de convicção e de convencimento. Ambos requerem tempo, persistência e habilidade. Ou seja, não sendo nem fácil nem rápido, o processo demanda acompanhamento e apoio permanentes.

O processo de elaboração dos PEQS

Os problemas e soluções para a elaboração dos PEQs Plurianuais 1999/2002, arrolados pelas equipes técnicas das STBs, representam uma visão prospectiva sobre as dificuldades previsíveis e as possíveis alternativas para enfrentá-las, ao longo do quadriênio.

Para o ano de 1999, foi possível acompanhar parte dessa trajetória durante a segunda semana do trabalho com a Flacso, momento em que foram descritas as dificuldades e os avanços alcançados no processo de planejamento dos PEQs, que se descreve, sucintamente, a seguir.

O planejamento dos PEQs

Ao término da primeira semana, definiu-se um roteiro para orientar todo o processo de planejamento. Com base no conjunto das grandes prioridades, definidas durante a oficina, este delineava, numa seqüência temporal, os "Passos para a elaboração do PEQ".

A implementação desse roteiro resultaria na proposta de minuta do Plano a ser discutida durante a segunda semana, numa reunião informal entre a equipe técnica e conselheiros da CET/CEE. A reunião visava facilitar a aprovação da versão final dessa minuta, ampliando o tempo em que foi discutida e incorporando sugestões e/ou emendas dos(as) conselheiros(as).

Além disso, no entanto, tinha a finalidade de aproximar técnicos(as) e conselheiros(as), integrando-os ao processo de planejamento.

Embora acordado coletivamente, em alguns Estados esse esquema não prevaleceu porque o processo se manteve centralizado, sendo, por vezes entregue a profissionais que ou não integravam as equipes da Qualificação ou eram consultores externos, contratados para esse fim específico. Houve casos onde não se havia iniciado nenhuma ação de planejamento, numa flagrante letargia em face das tarefas (auto) propostas.

Na maioria dos Estados, porém, os "Passos para a elaboração do PEQ" nortearam todo o planejamento. Em vários Estados, eles se mantinham à vista, durante a segunda semana de trabalho com as equipes do Replanfor.

Nesses casos, foi possível verificar com nitidez os avanços, constatando, ao mesmo tempo, pequenos ajustes de seqüência e cronograma, ditados geralmente pelo processo eleitoral.

Muitas equipes técnicas adotaram estratégias de planejamento que envolveram um elenco mais amplo de atores. Assim, por exemplo, procederam ao levantamento da demanda do binômio mercado x clientela mobilizando organismos governamentais, ONGs, universidades, Sistema S e sindicatos, além de Comissões/Conselhos Estaduais e Municipais.

As formas utilizadas nessa mobilização variaram. Houve reuniões de trabalho, fóruns, seminários, distribuição de instrumentos de consulta (questionários), remessa de instruções, roteiros de apuração de dados, *kits* informativos etc. A maior ênfase colocada em uma ou outra dessas alternativas foi determinada, em geral, por fatores como dimensão territorial, características regionais, número mais ou menos elevado de municípios, grau de consolidação das Comissões/Conselhos e implantação regionalizada de setores econômicos.

Convém ressaltar que, em alguns fóruns, as metodologias de trabalho, embora representassem um avanço em termos de planejamento participativo, não foram direcionadas de modo que levantassem as ocupações, atual ou potencialmente geradoras de emprego e renda, no plano municipal. Esse fato refletiu-se, mais tarde, nas dificuldades para o preenchimento da Planilha referente às demandas do mercado (Planilha 1).

Em alguns Estados, as ações privilegiaram, num primeiro momento, as instâncias governamentais, incorporando, por exemplo, técnicos da Secretaria de Planejamento. Em outros, atuaram diretamente junto às Comissões/Conselhos e em estreito entendimento com estas, contando com seu apoio e, às vezes, com a participação direta de seu Grupo de Apoio Permanente (GAP). Em vários Estados, os postos do Sine e da DRT participaram, igualmente, do processo.

Tais procedimentos produziram avanços consideráveis na democratização e transparência da elaboração do PEQ. Além disso, no entanto, propiciaram uma maior divulgação dos princípios e diretrizes do Planfor, abrangendo uma rede que incorporava desde o técnico da STb, na condução do processo, até o município, com suas lideranças e a Comissão/Conselho Municipal.

A par desse aspecto, altamente positivo, convém, no entanto, assinalar algumas dificuldades observadas no processo. Continuava a existir um problema de informação. Sob dois aspectos, opostos porém complementares.

Por um lado, manejavam dados secundários defasados; eram carentes de pesquisas sobre o mercado de trabalho (sobretudo em sua vertente informal); não contavam, na maioria dos casos, com planos estratégicos de desenvolvimento (estaduais e municipais); tampouco podiam se valer do apoio das universidades, elas mesmas carentes de pesquisas sobre trabalho e educação profissional; e não tinham cadastros suficientemente elaborados para levantar a oferta de EP.

Por outro lado, tinham mobilizado inúmeras fontes de informação, desencadeando um considerável fluxo de dados "quentes". Não pareciam, no entanto, saber como tratá-los. Revelavam, também, escassa habilidade no manejo dos dados secundários disponíveis. Desse modo, não conseguiam subsidiar eficazmente a formulação dos PEQs. Assim, a impressão geral que se tinha das equipes técnicas era a de que, com poucas exceções, se haviam enredado no planejamento. E este pode ter sido um dos motivos pelos quais várias minutas dos PEQs não estavam concluídas no prazo previsto.

As minutas dos PEQs

Planejar com base na demanda do setor produtivo (mercado x clientela) exigiu um grande esforço, pois as equipes técnicas estavam habituadas a conceber os PEQs segundo a oferta de cursos existente no Estado, adequando-os, portanto, à formatação anterior, com base em Programas Nacionais e Estaduais.

Em alguns Estados, a minuta do PEQ Plurianual 1999-2002 estava praticamente concluída no início da segunda etapa do trabalho da Flacso, carecendo somente de pequenos ajustes. Nos demais encontrava-se, apesar da razoável assimilação da proposta do "PEQ ideal", ainda em diferentes níveis de elaboração, bastante incompleta, razão pela qual a maioria dos conselheiros só recebeu o documento no início da reunião.

Numa versão integral, a minuta dos PEQs deveria contemplar, no mínimo, uma apresentação sucinta do Estado (características socioeconômicas), uma análise dos setores econômicos, uma explanação sobre o perfil da PEA, um panorama da oferta de EP e dados relativos aos projetos especiais, além das planilhas devidamente preenchidas.

Nesse sentido, havia minutas demasiado extensas, mas sem o necessário detalhamento do PEQ 99. Algumas permaneciam aferradas ao modelo antigo, apresentando-se sob a forma de programas. Outras restringiam-se à apresentação de quadros com metas de treinandos para os quatro grandes grupos de clientelas (pessoas desocupadas, principalmente os beneficiários do seguro-desemprego e candidatos ao primeiro emprego; pessoas sob risco de desocupação; pequenos e microprodutores, principalmente os beneficiários de alternativas de crédito financiadas pelo FAT; pessoas que trabalham em condição autônoma, por conta própria ou autogestionados), sem levar em conta seus desdobramentos. Outras, ainda, substituíam a apresentação do Estado por uma extensa explanação da metodologia de levantamento de demanda, acrescida de parte das planilhas preenchidas. Algumas, finalmente, apresentavam apenas uma memória de cálculo para o detalhamento do PEQ 99.

Foi possível constatar, a propósito, que em alguns casos certas fontes de informação e instrumentos orientadores do planejamento permaneciam praticamente desconhecidos dos técnicos. Da mesma forma, observou-se que as articulações, visando obter dados relevantes para o planejamento, foram efetivadas, apenas, por ocasião da presença da equipe técnica da Flacso.

Reuniões informais com os CETs/CEEs

As reuniões com as Comissões contaram com a participação de conselheiros e suplentes, prevalecendo, de modo geral, o equilíbrio entre as bancadas. Em alguns Estados, os próprios Secretários de Trabalho estavam entre os participantes.

Sua agenda compreendia o seguinte elenco temático:

- Apresentação da Flacso e do Replanfor.
- Leitura e esclarecimento dos artigos mais relevantes da Resolução 194/98 do Codefat (incluindo cotejo com a Resolução 126/95).
- Apresentação da Minuta do PEQ.
- Debates.

Em alguns Estados, no entanto, as reuniões para apresentação das minutas dos PEQs foram incorporadas, como um item entre outros, à pauta de reuniões ordinárias da CET.

O segundo ponto dessa agenda revelou-se estratégico, pois, a partir dele, ficou evidente que os conselheiros, na sua maioria, desconheciam o teor da Resolução 194, embora já a tivessem recebido há algum tempo.

Do mesmo modo, as minutas de PEQ, inconclusas e enviadas aos Conselhos no dia anterior à reunião, ou entregues ao início da mesma, dificultaram e, de certa maneira, impossibilitaram em alguns casos o cumprimento pleno do quarto ponto da agenda.

O nível de participação de conselheiros das CETS variou bastante, de Estado para Estado. Alguns pareciam estar cumprindo uma formalidade necessária para o fechamento do Plano e seu conseqüente envio ao MTE. Outros, revelando um forte viés corporativo, pareciam preocupados, unicamente, com o montante de recursos que caberia às entidades executoras, das quais eram representantes. Havia também aqueles que, por serem novatos, buscavam se instruir a respeito do Planfor e, em particular, compreender melhor os novos procedimentos definidos pela Resolução 194/98 e pelo documento PEQs e Parcerias – Diretrizes de Planejamento 1999-2002 e Proposta de Alocação de Recursos 1999. Outros, finalmente, assumiram uma atitude participativa. Fizeram perguntas, pediram esclarecimentos, deram opiniões, criticaram custos, sugeriram alternativas, propuseram-se a trabalhar com os técnicos em busca de soluções para os problemas levantados na ocasião.

Da mesma forma, a participação das CETs na elaboração do PEQ Plurianual 1999-2002 foi diferenciada. Em alguns Estados, não houve nenhuma participação dos conselheiros até o momento da apresentação da minuta. Em outros, houve reuniões prévias com os Conselhos, visando definir as ações necessárias à formulação do Plano, bem como identificar atores relevantes para sua construção. Houve aqueles, no entanto, em que os Conselhos/Comissões participaram mais diretamente de todo o processo de planejamento, seja através do GAP, seja mediante o envolvimento de todos os seus membros, nos seminários de levantamento de demanda, nos fóruns municipais, nas reuniões setoriais, na montagem da minuta propriamente dita e, finalmente, na discussão e no processo de ajuste da mesma.

A existência (ou não) dos Grupos de Apoio Permanente dos Conselhos fez diferença no processo de planejamento. Onde existiam e participaram, o processo se revelou mais rico, apresentando resultados mais consistentes. Além disso, o envolvimento dos GAPs aproxima os técnicos dos conselheiros, estabelecendo laços de cooperação e confiança mútua. Essa proximidade e o trabalho conjunto contribuem igualmente para socializar e tornar compreensíveis os procedimentos e critérios adotados, legitimando-os. Desse modo, as ingerências corporativas e políticas tendem a ceder lugar a uma participação mais preocupada com o interesse coletivo e o desenvolvimento do Estado.

Factibilidade dos PEQs

Graças a sua fundamentação conceitual e mecanismos de implementação, o Planfor tem sido capaz de suscitar uma considerável mudança qualitativa nos procedimentos adotados pelas Secretarias de Trabalho (e seus respectivos corpos técnicos) para a área de qualificação profissional. A formulação e a gestão dos PEQs, sobretudo, têm exigido um progressivo apuro técnico, bem como uma constante revisão das práticas de planejamento e gestão nessa área.

Entretanto, é prudente considerar a inércia e, portanto, a repercussão de determinados fatores sobre esses planos. Assim, por exemplo, parece razoável supor a persistência de problemas como:

- A ingerência política de instâncias hierárquicas, bem como de CMEs/CMTs e CETs/CEEs, evidenciada na sobreposição de critérios políticos e corporativos aos critérios técnicos, na aplicação de recursos por município e na seleção de entidades executoras.
- Os obstáculos de caráter jurídico-legal, oriundos quer da Lei n.8.666 quer dos ordenamentos jurídicos locais.
- As dificuldades de identificação das populações mais vulneráveis da PEA.
- As dificuldades para celebrar parcerias autênticas com vistas à otimização dos recursos do FAT.
- A inércia do sistema tradicional de formação profissional.
- A inadequação dos formadores à nova institucionalidade de EP.
- A dificuldade de garantir uma qualidade homogeneamente elevada dos programas de EP oferecidos.

As soluções de maior consenso, justamente para aumentar, não apenas a qualidade dos PEQs, como também sua factibilidade de acordo com as normas e diretrizes vigentes, giram em torno de três eixos:

- Relacionamento, seja na forma de integração e/ou de articulação. No nível estadual: STBs com as CETs e de ambas com as CMTs, sindicatos e associações de classe, entidades executoras, entidades/organismos públicos e privados, outras áreas das próprias STBs, Secretaria do Planejamento e outras Secretarias, avaliadores externos etc. No nível interestadual: principalmente com outras STBs, outras CETs e até outras CMTs. No nível federal: sobretudo com o MTE/SPPE e o Codefat.
- Informações, desde sua coleta/busca até sua atualização, organização, sistematização e análise. Para constituir uma base de dados sólida e confiável capaz de dar suporte ao planejamento e execução, identificando o perfil socioeconômico dos municípios para análise da demanda atual e previsível por município e priorizando essas demandas; levantando PEA e REP locais; intensificando a compatibilização das ações com os planos de desenvolvimento estaduais, regionais e locais; incluindo particularidades municipais, para estabelecer critérios de seleção de programas, clientelas e municípios.
- Formação de formadores, no sentido de organizar processos para formação de formadores e intensificar/garantir ações de qualificação dos atores fundamentais do Planfor, através de Projeto Especial e novas parcerias.

4
Balanço geral da qualificação

Análise da Execução

O apoio à elaboração dos PEQs plurianuais 1999-2002 foi concebido para servir ao aprimoramento dos mecanismos de implementação do Planfor. Esperava-se a melhoria dos perfis dos PEQs, infundindo-lhes cada vez mais o espírito da política pública de trabalho e renda da qual a qualificação profissional é um componente essencial.

A consolidação do Planfor como política de Estado, imune às vicissitudes dos processos eleitorais brasileiros, supõe a formação de massa crítica capaz de assegurar sua tradução prática, reprodução e aperfeiçoamento na esfera estadual. Capacitar os escalões técnicos das STBs envolvidos com a área de qualificação profissional constituía, pois, um movimento estratégico nessa direção.

O balanço dessa qualificação "em serviço", no entanto, requer a adequada compreensão do contexto no qual o processo se desenvolveu, durante o segundo semestre de 1998.

A principal variável cuja influência se fez sentir de modo inequívoco: a demora na aprovação da Resolução 194/98, longamente apreciada e negociada no âmbito do Codefat. O documento "Planfor 1999-2002: Conceitos e Diretrizes para o Planejamento Plurianual (documento para discussão)", contendo a proposta daquela Resolução, manteve, ao longo de boa parte do trabalho (toda a primeira etapa), seu caráter preliminar e provisório.

Embora fossem consideráveis suas possibilidades de aprovação, isso significou um fator de incerteza, cujos reflexos sobre o programa de qualificação se fizeram sentir, levando ao adiamento pelo MTE da segunda etapa do trabalho.

Da mesma forma, a insegurança quanto à definição dos critérios para a alocação de recursos que persistiu, mesmo aprovada a Resolução 194/98, mantinha em suspenso, igualmente, qualquer definição mais precisa das metas (de treinandos) dos PEQs. Isso provocou a ansiedade dos técnicos, obrigados a planejar com base em estimativas e pressionados por um cronograma, que, finalmente, teve que ser alterado.

Provocou também a falta de motivação de muitos conselheiros, que não viam sentido na discussão de uma minuta sem uma noção precisa do montante de recursos disponíveis.

Uma segunda variável foi a rotatividade. Em alguns Estados, as equipes técnicas das STBs, encarregadas da Área de Qualificação, haviam assumido suas funções há relativamente pouco tempo. Com isso, surgiram problemas quando se tratou de resgatar a memória do planejamento e da execução do(s) PEQ(s) anterior(es), fato prejudicial à tarefa de auto-reflexão, básica para o desenrolar das atividades.

Além disso, verificou-se certo grau de rotatividade dos próprios técnicos, no decorrer do processo, motivada principalmente pela concomitância desse com as atividades de execução do PEQ 1998, apenas iniciada em alguns Estados.

A terceira variável, em certa medida derivada da anterior, foi o conhecimento e a assimilação diferenciadas dos conceitos e diretrizes fundamentais do Planfor.

Não existia, nesse sentido, uma homogeneidade mínima. Desse modo, o tempo destinado a explicações e esclarecimentos prolongou-se além do esperado, impondo aos técnicos da Flacso constantes adaptações e ajustes no cronograma e no manejo da metodologia.

As inseguranças advindas desse insuficiente domínio dos instrumentos conceituais e operacionais do Planfor foram igualmente responsáveis pela atitude defensiva manifestada por algumas equipes técnicas, em discreta resistência contra o que consideravam "novidades do MTE". Não reconhecendo nas novas diretrizes a reiteração reforçada do arcabouço conceitual da política, acrescido de aprimoramentos nos mecanismos operacionais, temiam ser obrigados a mudar radicalmente seu entendimento e suas práticas, arduamente construídos ao longo do período anterior. Embora sem maior gravidade para o desenrolar do trabalho, a neutralização dessa atitude exigiu, também ela, algum esforço de elucidação e convencimento.

Sobrepairando todas as demais, convém, finalmente, levar em conta uma última variável: 1998 foi um ano marcado pelo calendário eleitoral. Essa conjuntura política abrangente foi responsável por elevado grau de turbulência no âmbito das STBs.

Em primeiro lugar, porque o desfecho do processo eleitoral poderia significar a solução de continuidade para muitas das equipes, o que certamente influiu no ânimo dos técnicos, em sua maioria muito empenhados e comprometidos com suas atividades na área de Qualificação Profissional.

A esse fator de instabilidade acrescentaram-se as demandas das equipes de transição, nos Estados onde as eleições foram decididas em primeiro turno. Tais solicitações, incontornáveis, somadas àquelas da execução do PEQ 98 e do planejamento do PEQ Plurianual 1999-2002, configuraram uma efetiva sobrecarga, gerando ansiedade e tensão no seio das equipes, algumas delas com os salários atrasados há vários meses.

Uma conclusão fundamental é que, para evitar as dificuldades assinaladas, o MTE e o Codefat deveriam modificar o momento de elaboração dos PEQs plurianuais, evitando a coincidência com o calendário eleitoral. Bastaria, por exemplo, estabelecer o novo período como 2003/2007.

O impacto da qualificação

O trabalho desenvolvido pelos consultores da Flacso, nos Estados, teve um impacto amplamente positivo sobre o processo de elaboração dos PEQs Plurianuais 1999/2002. Esse impacto se fez notar em diversos níveis e dimensões, afetando, em maior ou menor grau, não apenas os procedimentos, mas também os atores envolvidos no processo. Em primeiro lugar, e talvez sobretudo, as equipes técnicas das Secretarias de Trabalho.

No início do processo (primeira semana), a atitude de todas as equipes era ou de expectativa ou, até, de certa desconfiança, por se tratar de uma equipe "de fora", que poderia interferir numa tarefa interna ou exercer com relação à mesma um papel de "fiscal do MTE".

Além disso, como (exceto em alguns poucos casos) a maioria dos integrantes das equipes não participava, anteriormente, da fase de planejamento e, por isso, não lhe atribuía maior importância, pairava no ar a indagação: "O que a Flacso veio fazer aqui?". Para alguns, inclusive, a expectativa era, justamente, a de que a Flacso tinha vindo justamente para fazer o planejamento.

O desenrolar dos trabalhos, entretanto, foi aos poucos respondendo a cada umas dessas suposições e inquietações, explicitadas, ora de modo jocoso ora meio constrangido, como confidências, quase confissões.

Houve, nesse sentido, muitas surpresas, a começar pela proposta de trabalho, na medida em que ela foi se evidenciando, durante o seminário/oficina. Com efeito, o evento não se assemelhava a nenhum outro daqueles de que vinham participando os técnicos, promovidos pelo MTE ou por outras entidades suas parceiras.

Não se tratava de "curso" nem de "seminário" no formato conhecido, em que não se exige dos participantes um comportamento ativo. Talvez por isso, ao final da primeira semana, a percepção, e com ela a recepção do trabalho, havia mudado sensivelmente: haviam obtido as informações desejadas, dirimido dúvidas, básicas ou complexas, tido a oportunidade de se envolver no planejamento do PEQ e estabelecido uma sistemática de atuação; tinham, em suma, a "sensação de estar construindo algo".

Essa "sensação de estar construindo algo" resulta diretamente do formato característico da metodologia adotada, constituindo não só um de seus efeitos mas parte indissociável de seu objetivo. A interatividade não é, apenas, mais um de seus componentes técnicos. Toda ela se sustenta, na verdade, a partir desse seu caráter participativo, que a torna, ao mesmo tempo, muito dinâmica, envolvente e produtiva.

Dinâmica porque, num gradualismo controlado, vai alternando entre os pólos do abstrato e do concreto, do conceito e da aplicação, do processo e do produto. As técnicas utilizadas se diferenciam e complementam, igualmente, solicitando, estimulando e valorizando não só a reflexividade, individual e coletiva, mas também a negociação e o estabelecimento de consensos, com os quais o grupo pode identificar-se e, portanto, subscrever e assumir.

Por isso, envolve os participantes tanto com o objeto ao qual se refere, nesse caso a política nacional de qualificação profissional, quanto uns com os outros, como um corpo técnico.

É produtiva, finalmente, não apenas no plano intelectual, graças aos insumos conceituais e informativos que transmite, ou ainda no plano psicossocial, pelos laços de confiança e mútua adesão que estabelece, mas também porque resulta, literalmente, num produto coletivamente construído.

Esse foi sem dúvida o melhor antídoto para as sensações de "perda de tempo" e de manipulação "autoritária", que com freqüência acompanham os formatos convencionais de capacitação (os "treinamentos") e que, portanto, consubstanciavam as expectativas e inquietações dos técnicos.

A utilização de uma metodologia básica de planejamento, de fácil compreensão e assimilação e de efeitos imediatos e tangíveis, teve, ainda, outro impacto indiscutível. Disciplinou o que até então havia sido um processo pouco ordenado de alocação de tempo, recursos humanos e insumos de informação. Isso, por sua vez, se refletia, em muitos casos, na virtual ausência de critérios orientadores para as ações de qualificação. Mobilizava-se o que estava à mão e era capaz de atender à premência das circunstâncias. Ou, para usar a expressão de uma técnica, "a gente não planejava, a gente programava". Tudo era feito ao sabor da conjuntura, isto é, sob pressão e às pressas. Não só a execução, mas também o planejamento.

Nesse sentido, os seminários/oficinas travaram momentaneamente as engrenagens desse cotidiano operoso porém desordenado. Criaram e estimularam uma atitude de reflexão coletiva entre seus participantes, frente à própria prática, o que permitiu recuperar positivamente a experiência adquirida, incorporando-a.

O método de planejamento adotado (e do qual as oficinas constituíram elas mesmas uma demonstração) desencadeou uma seqüência ordenada de ações, com o objetivo de localizar, recolher e analisar os insumos imprescindíveis à formulação de um PEQ mais consistente, nos termos da Resolução 194/98.

Um inventário sintético do impacto da qualificação, feito a partir daí, compreenderia os seguintes pontos:

- Maior conhecimento e disseminação das Diretrizes do Planfor e das Resoluções do Codefat, por todos os integrantes das equipes técnicas das STBs.
- Reforço do nível preexistente de adesão ao Planfor.
- Percepção mais nítida da importância da etapa de planejamento para otimizar os resultados dos PEQs.
- Constatação da necessidade de capacitação para o planejamento, por parte da maioria dos integrantes das equipes.
- Constatação da necessidade de reestruturação das equipes responsáveis pelos PEQs, para otimizar a divisão de tarefas.
- Entendimento e incorporação adequada do foco na demanda de mercado, como princípio para o planejamento, incluindo propostas de Projetos Especiais voltados para seu aprimoramento.
- Percepção da importância do Cadastro da Rede de Educação Profissional, anteriormente entendido como simples levantamento de entidades executoras.
- Compreensão mais sedimentada do papel das STBs no processo de contratação de executoras (seleção com base no plano elaborado/aprovado e não na oferta de cursos pelas próprias entidades).
- Compreensão do papel de articulador e negociador, que cabe ao Estado, segundo a perspectiva do Planfor.

A qualificação dos técnicos como experiência inovadora

Surgiu, muitas vezes, durante as avaliações orais do processo de qualificação, ao final do evento, ou seja, no calor da hora, a afirmação do caráter inédito da experiência. Em face disso, cabe a pergunta: "Houve inovação?". E, sendo afirmativa a resposta, em que teria consistido tal inovação?

Em favor desse ponto de vista não se poderia invocar a dimensão conceitual. As assim chamadas "novas diretrizes" não o eram realmente. Correspondiam, antes, a manutenção e reforço dos conceitos e princípios básicos do Planfor, acrescido do aperfeiçoamento de seus mecanismos operacionais.

O formato de qualificação, este sim, pode ser considerado um fato novo, diferente do tradicional, na matéria.

Convém, pois, arrolar o conjunto de aspectos deste formato, em virtude dos quais a qualificação dos(as) técnicos(as) pode ser considerada uma experiência inovadora.

Com o projeto Replanfor ocorreu, pela primeira vez, um processo de capacitação dirigido a todos(as) os(as) técnicos(as) da Área de Qualificação das Secretarias de Trabalho de todas as 27 unidades federativas, de modo concomitante. Uma novidade certamente, pois até então os eventos regionais e nacionais haviam se destinado a um número limitado de membros dos escalões técnicos, envolvidos com a qualificação profissional, nos Estados.

Ao contrário desses outros eventos, o Replanfor, graças a sua abrangência nacional, pôde oferecer essa capacitação *in loco*. Esse segundo aspecto permitiu dedicar a cada equipe uma atenção diferenciada, favorecendo a emergência, discussão e sistematização de questões locais. Além disso, estas foram discutidas, pela primeira vez, de forma integrada, com outros setores e departamentos das Secretarias.

Essa escuta mais cuidadosa e contextualizada constituiu, ainda, uma forma sutil porém eficaz de gratificar não só as justas expectativas dos técnicos mas ainda de recompensar seus esforços, empenho e compromisso. Daí resultou, para muitos deles(as), a percepção de que estavam ativa e efetivamente incorporados à construção de uma política pública de EP.

Com isso, várias equipes parecem ter recobrado o ânimo, desmotivadas que estavam em virtude de problemas como ingerências políticas e/ou corporativas, na gestão do PEQ; centralismo de algumas Comissões/Conselhos; rigor e lentidão das instâncias burocráticas do Estado; salários há meses atrasados etc. Com seu nível de adesão à PPTR reforçado, elevou-se, também, o nível de consciência de suas responsabilidades, na construção da mesma.

Para o conjunto dos Estados, a qualificação significou ainda a oportunidade inédita de aprofundar a reflexão sobre os seus respectivos PEQs, à luz dos conceitos e princípios básicos que deviam nortear sua implementação.

Até então, com efeito, a atividade de planejamento praticamente não existia. Na melhor das hipóteses, as linhas de ação eram estabelecidas de forma intuitiva, quando não orientadas por critérios eminentemente políticos, em detrimento das considerações técnicas pertinentes.

A oficina de trabalho da primeira etapa revelou-se muito positiva, nesse sentido, pois a partir dela os(as) técnicos(as) constataram que percorrer o caminho do estratégico ao operacional, passando pelo tático, além de indispensável, era factível.

Assim, na verdade, coube ao Replanfor desmitificar um processo que lhes era incompreensível e que, portanto, lhes parecia de difícil realização. Em outras palavras, a vasta e por vezes reiterativa literatura do Planfor não havia logrado implantar e consolidar uma cultura de planejamento, talvez porque fosse considerada um arcabouço técnico demasiado complexo e distante do "PEQ real".

Também nesse sentido a metodologia aplicada foi de grande eficácia, pois conseguiu estabelecer vínculos entre as diretrizes e a realidade local.

Outro aspecto inédito proporcionado pela abordagem gradual, auto-reflexiva, dialógica e coletiva do problema ao qual se aplica a metodologia (neste caso a construção de minuta do PEQ) foi a constatação, pelos próprios participantes, das suas fragilidades, em matéria de assimilação de conceitos, implementação das diretrizes, manejo de informações e instrumentos, organização interna e assim por diante.

À aguda consciência dessas limitações, que não lhes são apontadas, mas que eles mesmos descobrem e expressam, segue-se, imediatamente, um esforço propositivo, o qual, por sua vez, suscita a criatividade individual e coletiva, na busca de soluções para cada um dos problemas indicados.

Esse esforço propositivo não se esgotou em tempestade de idéias. Materializou-se, ao contrário, num produto palpável e de utilidade imediata – o plano de elaboração da minuta do PEQ, orientador de todas as ações subseqüentes do planejamento.

Nesses termos, entretanto, convém não esquecer outro produto, tão concreto e funcional quanto o anterior: a própria metodologia, incorporada como instrumento, passível de reprodução oportuna, quando da reprogramação das tarefas da Qualificação, e extensiva às demais atividades das STBs.

Pode-se, finalmente, considerar inédita a homogeneidade conceitual e operacional alcançada pela qualificação. Numa escala sem precedentes, esta contribuiu, com efeito, para a socialização e incorporação das noções e diretrizes fundamentais da nova institucionalidade da Educação Profissional, no Brasil.

Nesse sentido, e sempre graças a sua concepção metodológica peculiar, o processo revelou-se um poderoso instrumento, capaz de transmitir e capilarizar uma apreensão ao mesmo tempo totalizante e analítica do Planfor, contribuindo, assim, para formação da massa crítica necessária à sua implementação.

O objetivo final da qualificação foi alcançado?

A oportunidade para uma resposta positiva, pelo menos aproximada, a essa pergunta crucial surgiu com a demanda do MTE à Flacso de realização de uma análise preliminar das propostas de PEQ plurianual 1999-2002 e detalhamento do PEQ 1999 encaminhadas pelas UFs ao Ministério.

Para realizar essa tarefa, utilizou-se como documento de base o "teste de consistência dos PEQs", presente como terceiro anexo da Minuta de "Guia do Planfor 1999-2002," elaborada pela Flacso/Brasil (p. 60), que foi detalhado no seguinte instrumento, composto por 30 questões, que cobrem todos os itens exigidos pela Resolução 194/98:

Teste de consistência na apresentação dos PEQs

1. O processo de elaboração do Plano levou em conta...
1.1. tendências e potencialidades do mercado de trabalho local?
[ ] sim [ ] parcialmente [ ] não
Justificativas/observações: ____________________

____

1.2. o perfil, necessidades e aspirações da PEA local?
[ ] sim [ ] parcialmente [ ] não
Justificativas/observações: ____________________

____

1.3. prioridades de desenvolvimento locais ou regionais?
[ ] sim [ ] parcialmente [ ] não
Justificativas/observações: ____________________

____

1.4. formação ou consolidação de parcerias?
[ ] sim [ ] parcialmente [ ] não
Justificativas/observações: ____________________

____

1.5. perspectiva de médio e longo prazo das ações?
[ ] sim [ ] parcialmente [ ] não
Justificativas/observações: ____________________

____

1.6. demandas das CETs/CMTs constituídas?
[ ] sim [ ] parcialmente [ ] não
Justificativas/observações: ____________________

____

2. Os programas de educação profissional previstos...
2.1. focalizam os grupos de população-alvo prioritários do Planfor?
[ ] sim [ ] parcialmente [ ] não
Se sim ou parcialmente, quais?____________________

____

Justificativas/observações: ____________________

____

2.2. levam em conta protocolos e acordos do MTE/Sefor?
[ ] sim [ ] parcialmente [ ] não
Se sim ou parcialmente, quais?____________________

____

Justificativas/observações: ______________________________

____

2.3. contemplam a diversidade da PEA local (sexo, idade, cor, escolaridade)?
[ ] sim [ ] parcialmente [ ] não
Justificativas/observações: ______________________________

____

2.4. têm vinculação com oportunidades locais de trabalho e renda?
[ ] sim [ ] parcialmente [ ] não
Justificativas/observações: ______________________________

____

2.5. têm viabilidade de execução pelos possíveis executores locais ou indicam, se necessário, outras alternativas de executores?
[ ] sim [ ] parcialmente [ ] não
Justificativas/observações:______________________________

____

2.6. contemplam projetos de elevação de escolaridade da PEA?
[ ] sim [ ] parcialmente [ ] não
Justificativas/observações: ______________________________

____

2.7. contemplam alternativas de encaminhamento dos desocupados ao mercado de trabalho?
[ ] sim [ ] parcialmente [ ] não
Justificativas/observações: ______________________________

____

3. Os setores ou atividades econômicas abrangidos...
3.1. são consistentes com a realidade local?
[ ] sim [ ] parcialmente [ ] não
Justificativas/observações: ______________________________

____

3.2. oferecem perspectivas de trabalho e renda?
[ ] sim [ ] parcialmente [ ] não
Justificativas/observações: ______________________________

____

4. Em matéria de abrangência espacial...
4.1. qual o número de municípios atendidos e quanto representa em relação ao total do Estado?
Nº ________ e ________ %

Justificativas/observações: ______________________________

____

4.2. do total de municípios do Comunidade Solidária no Estado, qual o percentual de municípios atendidos?

______ %

Justificativas/observações: ______________________________

____

5. A meta total para 1999, de ______ mil treinandos...

5.1. explicita as parcelas a ser atendidas com recursos do FAT e com recursos da REP?

[ ] Sim. Recursos do FAT = __________ Recursos da REP = __________

[ ] Não. Justificativas/observações: ______________________________

____

5.2. quanto representa essa meta em relação à PEA local?

______ % com recurso do FAT e ______ % com recursos da REP

Justificativas/observações: ______________________________

____

5.3. as metas com recursos do FAT garantem pelo menos 85% das vagas para os grupos de população-alvo prioritários do Planfor?

[ ] sim [ ] parcialmente [ ] não

Justificativas/observações: ______________________________

____

5.4. têm viabilidade de execução pela REP local ou indicam, se necessário, outras alternativas de executores?

[ ] sim [ ] parcialmente [ ] não

Justificativas/observações: ______________________________

____

6. Os projetos especiais...

6.1. atendem disposições da Resolução 194/98 quanto aos projetos a serem necessariamente desenvolvidos?

[ ] sim [ ] parcialmente [ ] não

Justificativas/observações: ______________________________

____

6.2. outros projetos especiais atendem disposições da Resolução 194/98, quanto aos projetos a serem prioritariamente desenvolvidos?

[ ] sim [ ] parcialmente [ ] não

Justificativas/observações: ______________________________

____

6.3. demais projetos, se houver, também oferecem subsídios para aprimoramento das ações de educação profissional?
[ ] sim [ ] parcialmente [ ] não
Justificativas/observações: ______________________________

____

7. No cálculo de investimentos...
7.1. há consistência com parâmetros reais de anos anteriores e/ou de mercado?
[ ] sim [ ] parcialmente [ ] não
Justificativas/observações: ______________________________

____

7.2. caso não, há justificativas e documentação para parâmetros diversos dos fixados pelo Codefat?
[ ] sim [ ] parcialmente [ ] não
Justificativas/observações: ______________________________

____

7.3. os grupos de população-alvo são beneficiados com pelo menos 75% dos recursos?
[ ] sim [ ] parcialmente [ ] não
Justificativas/observações: ______________________________

____

7.4. os projetos especiais estão no limite de 10% do total do PEQ?
[ ] sim [ ] parcialmente [ ] não
Justificativas/observações: ______________________________

____

7.5. o total do investimento de recursos do FAT, de R$ ...., é compatível com as metas propostas?
[ ] sim [ ] parcialmente [ ] não
Justificativas/observações: ______________________________

____

7.6. há recursos de outras fontes, além do FAT, sem contar a contrapartida mínima obrigatória do Estado? Quanto representam em relação ao recurso do FAT?
[ ] sim, de ________ % [ ] não
Justificativas/observações: ______________________________

____

O teste foi aplicado a todos os PEQs plurianuais (1999-2002), que tinham sido apresentados até 23 de fevereiro de 1999 (26 no total, já que um Estado não enviou sua proposta ao MTE de PEQ no prazo estipulado), pelos técnicos da Flacso/Brasil que haviam participado de todo o processo de qualificação dos técnicos das STBs para a formulação das minutas dos PEQs.

A aplicação dos testes teve como pano de fundo para sua análise o conceito de planejamento definido pela Sefor, isto é: "Planejamento é o processo contínuo de mobilização, articulação, negociação entre atores, que permite definir objetivos, metas e meios para atingi-los, em um dado tempo e espaço". A elaboração de documentos ou Planos é só um momento desse processo, que consolida etapas e serve de base para as seguintes.

O processo de planejamento começa sempre pelo nível estratégico, o que significa, para o Planfor, partir das demandas atuais e previsíveis do mercado de trabalho, da população a ser atingida e alternativas de atendimento. Só depois de definida a estratégia é que se chega ao operacional, ou seja, à definição de cursos e outras ações de educação profissional e como executá-las.

Resultados específicos obtidos

Uma apresentação sintética dos resultados da aplicação do teste de consistência aos 26 PEQs considerados permitiria indicar, em primeiro lugar, quantos estados (Unidades da Federação) responderam satisfatoriamente aos requisitos do Planfor e, por conseguinte, qual é a percentagem dos que ainda tinham dificuldades importantes no processo de planejamento. Em segundo lugar, é possível ressaltar aqueles objetivos do processo de planejamento que ainda apresentavam muitas dificuldades para serem atingidos satisfatoriamente pelo conjunto dos estados.

Unidades da Federação que responderam satisfatoriamente ao teste de consistência

Com base nas respostas obtidas às 30 questões do teste de consistência aplicado, podemos afirmar que na metade dos estados (13 dos 26) o PEQ cumpriu adequadamente a grande maioria das exigências estabelecidas, na medida em que responderam satisfatoriamente a pelo menos 80% dos itens.

Logo, temos um grupo de sete Estados que obteve uma proporção de aproximadamente 70% de respostas satisfatórias (ou seja, que cumpriram mais de dois terços dos quesitos).

No seu conjunto, esses dois grupos somavam 20 dos 26 estados considerados, isto é, 77% da base empírica, cumprindo adequadamente as exigências mínimas estabelecidas para a elaboração do PEQ 1999-2002.

Finalmente, temos o último grupo, conformado pelas seis Unidades da Federação que tiveram maiores dificuldades para responder satisfatoriamente ao teste de consistência. Nesse grupo só foi possível cumprir pouco mais da metade dos critérios estabelecidos (aproximadamente 60%).

Grau de dificuldade das exigências ou quesitos estabelecidos pelo Planfor no teste de consistência

Os resultados obtidos na aplicação do teste de consistência aos PEQs plurianuais 1999-2002 permitem fazer outra leitura, que separa os critérios efetivamente atingidos por todos os estados daqueles objetivos de planejamento do Planfor com maiores dificuldades de serem atingidos pelo conjunto de estados, e que exigem, conseqüentemente, uma maior atenção nos futuros processos de planejamento plurianual.

Sob esse enfoque também podemos distinguir *grosso modo* três grupos de itens. Um primeiro grupo de 15 itens está constituído por todos aqueles quesitos cumpridos pela grande maioria dos PEQs (80 a 100%). São aqueles que dizem respeito aos seguintes aspectos, entre outros:

- observação das disposições incluídas na Resolução 194/98;
- focalização na população-alvo prioritária do Planfor;
- viabilidade de execução pelos parceiros locais;
- explicitação das parcelas a serem atendidas com recursos do FAT;
- limitação de projetos especiais ao 10% do total do PEQ;
- recursos do FAT compatíveis com as metas propostas.

Existe um segundo grupo de itens, com uma percentagem menor de respostas satisfatórias (65 a 80% dos PEQs cumpriram com esses quesitos), entre os quais podem ser incluídos:

- levar em conta o perfil, necessidades e aspirações da PEA local;
- considerar prioridades de desenvolvimento locais ou regionais;
- atender à diversidade da PEA local;
- contemplar alternativas de encaminhamento dos desocupados ao mercado de trabalho.

Esse grupo de itens apresenta aqueles aspectos dos PEQs que ainda deveriam ser melhorados através de um conhecimento maior da realidade local. Poderíamos dizer que é necessária uma atenção renovada nos processos de levantamento da demanda do mercado e da população locais.

Por último, existe um pequeno grupo de itens que foram atendidos satisfatoriamente por menos da metade dos 26 PEQs plurianuais considerados. Estes itens dizem respeito a:

- formação ou consolidação de parcerias;
- atenção outorgada a demandas das CETs e CMTs constituídas;
- projetos especiais que ofereçam subsídio para aprimoramento das ações de educação profissional;
- abrangência espacial.

Esses itens indicam a necessidade imperiosa de aprimorar o planejamento, através de uma melhor e maior atenção aos processos de articulação da demanda.

Conclusões gerais do processo de aplicação dos testes de consistência

O processo de aplicação dos testes de consistência revelou-se como uma ferramenta fundamental em dois aspectos:

- para direcionar os esforços de aprimoramento dos PEQs;
- para destacar aqueles quesitos do planejamento proposto pelo Planfor com maior dificuldade de serem atingidos pelos estados.

De maneira inversa, é possível dizer que as carências reveladas pela aplicação do teste de consistência aos PEQs plurianuais 1999-2002 localizaram-se em aspectos fundamentais da nova institucionalidade da educação profissional no Brasil, proposta pelo Planfor. As dificuldades revelam os aspectos de maior inovação do Planfor e, portanto, os aspectos onde era esperada uma maior resistência determinada pela inércia de hábitos tradicionais e pelas pressões dos interesses ancorados na velha institucionalidade da EP.

Comentários gerais

Os comentários gerais da equipe da Flacso/Brasil sobre o exercício, solicitado pelo MTE, de aplicação aos documentos dos PEQs de 26 das 27 UF do teste de consistência proposto em nossa minuta de Guia de Planfor foram:

- Consideramos que todos os PEQs analisados revelavam um avanço significativo das STBs e CETs no cumprimento das diretrizes do Planfor, formalizadas pela Resolução 194/98 do Codefat.
- Nesse contexto, a absoluta maioria de nossas "observações para revisão dos PEQs" traduziu o que a equipe, a partir de sua experiência de contato direto com o processo de elaboração dos PEQs 1999, considerava aperfeiçoamentos na apresentação dos mesmos e, portanto, viáveis em brevíssimo prazo.

- Constatamos, nesse sentido, que na maioria dos PEQs as STBs e CETs cumpriram o processo de planejamento com foco na demanda estabelecido nas diretrizes de planejamento dos PEQs 1999-2002, aprovadas pelo Codefat; no entanto, não resumiram no documento do PEQ os passos realizados, considerando suficiente responder ao "roteiro" incluído nas mencionadas diretrizes.
- O aperfeiçoamento do "roteiro", incluído em nossa minuta de Guia do Planfor, procurava facilitar as revisões propostas e evitar o mesmo tipo de problema na apresentação dos PEQs dos próximos anos.
- Finalmente, aproveitando o fato de que todos os PEQs necessariamente seriam revistos no aspecto dos recursos disponíveis efetivamente para 1999, sugerimos ao MTE a inclusão, nessa revisão (via aplicação do teste de consistência e roteiro propostos), de informações existentes e de acesso imediato, que facilitariam a análise dos documentos dos PEQs.

Cabe salientar que todos os PEQs, apesar do grande avanço obtido e da observável melhoria no processo e na qualidade do planejamento, efetivamente tiveram que ser refeitos ou aperfeiçoados.

O fato que desencadeou essa necessidade foi o importante corte de recursos que o Codefat se viu forçado a realizar, como forma de minimizar a crise econômica que se abateu sobre o país no início do ano de 1999, fato que possibilitou o encaminhamento pelo MTE de orientações bem objetivas para que os Planos fossem adequados à nova realidade e que os erros ainda observados pudessem ser dirimidos.

Aprendizagem sobre o Planfor e a PPTR derivado da execução da qualificação

A experiência privilegiada de trabalho conjunto com os atores fundamentais do Planfor e da PPTR na execução do projeto Replanfor significou uma oportunidade preciosa de aprendizagem e de avanço no diagnóstico do grau de desenvolvimento dessas políticas públicas, cujo saldo procuramos resumir nos pontos seguintes.

Principais dificuldades, resistências, entraves iniciais

a) Concepção geral do Planfor e da PPTR como política pública, a se construir participativamente, com execução descentralizada: história de políticas públicas no país, geralmente "decretadas" pelo governo; forte centralismo federal, governo executor; descentralização vista especialmente por órgãos de fiscalização e controle, como sinônimo de anarquia, propícia à malversação de recursos; antigas estruturas consolidadas no MTE, para execução centralizada de programas de qualificação, refratárias ao novo papel das STBs;[1] expectativa de outros órgãos federais (ministérios) de contar com recursos do FAT para execução direta de seus programas; atrativos e comodidade da centralização, levando STBs, organismos executores, avaliadores e fiscalizadores a "cobrar" mais regulação no Planfor (custos, carga horária, conteúdos pedagógicos); fragilidade das CETs, formadas em grande parte por executores também interessados na "partilha" de recursos do FAT.

b) Entendimento e operacionalização do conceito de EP proposto (foco na demanda, atendimento a populações vulneráveis e qualificação permanente da PEA): restrição de representantes de trabalhadores à utilização de recursos do FAT para requalificação de empregados (mesmo daqueles em risco de perda do emprego),[2] sob a premissa de que se destinavam exclusivamente a desempregados; escassez de dados sobre demanda por EP; falta de preparo para utilizar dados existentes ou buscar formas mais dinâmicas de coletá-los, da parte dos técnicos das STBs, de consultores especializados contratados para essa tarefa e das entidades executoras; hábito de identificar EP como cursos – entidades ofertando "cardápios" de cursos e STBs utilizando-os, para "facilitar" o planejamento; distanciamento e inexperiência de organismos governamentais e instituições de EP (especialmente Sistema S, escolas técnicas) no trato com populações vulneráveis; seletividade "natural" dessas entidades, distorcendo, inclusive, o perfil dos treinandos no início do Planfor;[3] viés assistencialista-contencionista de ONGs, embora mais próximas e familiarizadas com essas populações; riscos de propaganda enganosa, vendendo qualificação como "remédio" para o desemprego.

c) Precariedade de infra-estrutura física (instalações, máquinas, equipamentos) e escassez de quadros técnico-gerenciais para atuar no planejamento e gestão da EP, nas bases propostas pelo Planfor: rotatividade de pessoal e

1 Uma delas, o Sine (v. nota 7), assumia, na legislação do FAT, papel de gestor e executor dos programas de apoio ao trabalhador (seguro-desemprego, intermediação, qualificação), por meio de seus mais de 800 postos de serviço nos Estados. A outra, formada pelas DRTs – Delegacias Regionais do Trabalho –, data do modelo de legislação trabalhista da era Vargas, destinada a executar ações de fiscalização e mediação de conflitos trabalhistas, entrando, recentemente, na execução dos programas do FAT.

2 A questão da requalificação de servidores públicos foi especialmente delicada, pois, segundo a regulamentação vigente, funcionário público não era trabalhador...

3 Em 1996, obtidas as estatísticas da clientela atendida, verificou-se que dois terços tinham 1º grau completo, ao contrário da PEA, na qual apenas um terço chega a esse nível. Até 1998, conseguiu-se elevar a 45% a participação de trabalhadores abaixo do 1º grau no Planfor. A meta é atingir pelo menos a proporção encontrada na PEA.

baixos salários no serviço público, gerando desmotivação e/ou contínua necessidade de retomar orientações; timidez dos técnicos da Sefor/STBs na negociação com parceiros de credencial mais elevada (universidades, Sistema S, escolas técnicas); inexperiência e despreparo desses técnicos em avaliar projetos recebidos, discutir e aplicar resultados de projetos contratados; rede de escolas técnicas federais e Sistema S geralmente com boa infra-estrutura e pessoal especializado em EP, mas não necessariamente na visão do Planfor; desconhecimento/despreparo de membros de CETs/CMTs para suas novas e estratégicas funções, além da fragilidade inerente a esse tipo de organismo, em processo de constituição, dependentes, para funcionar, da infra-estrutura de STBs/Sines.

d) Resistências político-ideológicas: Planfor rotulado tanto como projeto neoliberal como plano de oposição; desconfiança de universidades públicas e da rede de ensino técnico federal em relação a qualquer ação governamental, como efeito colateral da tensão nos debates da nova Lei de Diretrizes e Bases da Educação e da reforma do ensino médio (conduzida pelo Ministério da Educação); dilema dos sindicatos de oposição em participar de CETs/CMTs; inversamente, recusa de alguns governos em admitir sua participação como executores de programas; inexperiência de empresários e trabalhadores na busca de consenso, especialmente em questões ligadas à qualificação; absoluta novidade do tripartismo no país; renitência de instituições dominantes, especialmente do Sistema S, em participar de licitações para execução dos programas, na expectativa de contratos diretos para execução do Planfor.

e) Marco legal-burocrático: legislação de contratos e convênios com setor público altamente restritiva a novos atores, especialmente a ONGs e sindicatos (exigências de contrapartidas, infra-estrutura física etc.); novidade e estranheza do objeto "educação profissional" para os intérpretes e guardiães do estatuto legal (previsto para contratação de estradas, pontes, mas não para algo "intangível", como EP).

f) Desenho e implementação da avaliação externa, relações avaliados-avaliadores e utilização de resultados: novidade da avaliação em políticas públicas, especialmente desde o início de um projeto em construção, como propunha o Planfor; inexperiência dos avaliadores (universidades públicas, em sua maioria) em estruturar a chamada "avaliação transformadora", registrando não só erros ou distorções mas também formas de corrigi-los; demasiada expectativa dos avaliados quanto à contribuição possível da universidade; despreparo das partes (avaliadores e avaliados) para o diálogo, discussão e aplicação de resultados de avaliação; restrições de algumas instâncias (organismos governamentais, bancos internacionais) em aceitar avaliação não apenas do impacto custo-benefício, mas do Planfor como política pública.

Principais intervenções realizadas diante das dificuldades indicadas

a) Articulação política: contínuo reforço da inserção do Planfor no discurso-projeto social do governo, fortalecendo seus vínculos com outros órgãos e programas governamentais, mediante protocolos de cooperação, sem repasse direto de recursos, mas explicitando sua prioridade, para fins de implementação descentralizada.[4]

b) Negociação no Codefat: focalizada na bancada dos trabalhadores, desde o início mais sensível à proposta do Planfor; formulação e negociação de resoluções cada vez menos operacionais e cada vez mais conceituais-políticas, demandando outro nível de deliberação; transformação de diretrizes técnicas em resoluções, com mais peso de pressão (permitindo, inclusive, condicionar repasse de recursos a cumprimento de suas cláusulas).

c) Diretrizes Planfor: constante revisão-reelaboração de termos de referência, tornando mais explícitas as diretrizes e resoluções, com participação dos interessados (STBs, universidades e demais parceiros); em casos extremos, condicionamento do repasse de recursos a cumprimento de orientações e diretrizes básicas.[5]

d) Formação de equipes: promoção massiva de cursos, seminários e oficinas para técnicos da Sefor, MTE, STBs, CETs, ONGs, com foco na formação para o planejamento e gestão da EP.[6]

e) Ampliação e fortalecimento de mecanismos de participação e debate: promoção de fóruns, reuniões, oficinas com STBs, CETs-CMTS, executores, uni-

---

4 Mais de 32 protocolos foram firmados no período, destacando-se, por exemplo: Comunidade Solidária (jovens em risco social, alfabetização solidária), Ministério da Educação (reforma do ensino técnico-profissional), BNDES (trabalhadores sob risco de perda do emprego tecnológico), Ministério da Reforma Agrária (formação de assentados rurais), Ministério da Justiça (questão de gênero, direitos humanos), Ministério da Indústria e Comércio (programas para turismo e artesanato), Previdência e Assistência Social (gerontologia social e educadores infantis), Casa Civil (gestores públicos), Ministério da Administração e Reforma do Estado (formação do servidor público), Ministério da Saúde (auxiliares de enfermagem, agentes comunitários de saúde).

5 Recurso pouco utilizado, visto a legislação já ser bastante restritiva a repasse de recursos, bloqueados diante do descumprimento de qualquer cláusula do convênio. Foi necessário, contudo, em casos como aceitação da avaliação externa, em 1996, aceitação do sindicato por alguns Estados, restrição à contratação de entidades sem o perfil mínimo exigido pelo Planfor.

6 Destaca-se, por exemplo, curso promovido em 1997-98 pelo Cesit-Unicamp, beneficiando mais de 300 técnicos das STBs, Sines e Sefor; processos de capacitação de membros de CETs-CMTs, desenvolvidos em pelo menos 15 PEQs e pelas centrais sindicais (CUT, CGT, Força Sindical), entre 1996-98; formação de gestores sociais em ONGs-Prefeituras, pela AAPCS; capacitação de 1.000 técnicos das STBs e dos membros das 27 CETs, para o planejamento 1999-2002, pela Flacso Brasil.

versidades;[7] apoio financeiro e presença do MTE em eventos organizados pela universidade, trabalhadores, empresários, ONGs e organismos governamentais.[8]

Aprendizados e avanços desse processo

a) EP na pauta de políticas públicas: crescente consciência de todos os atores – governo, trabalhadores, empresários – quanto ao papel da EP em programas de geração de trabalho e renda, promoção de igualdade de oportunidades no mercado de trabalho e desenvolvimento sustentado, associado à paulatina superação do equívoco de que EP, em si ou por si, possa resolver o problema do desemprego.

b) Tripartismo e mecanismos para estabelecimento de consensos: a discussão e a decisão de questões ligadas à EP vêm estimulando Codefat, CETs e CMTs[9] a ampliar sua pauta de debates, pouco a pouco saindo de assuntos exclusivamente burocráticos para tratar de política pública de trabalho e renda. Esses organismos começam a se firmar como espaços de negociação; os conselheiros são pressionados a mudar seu perfil.[10]

c) Entrada e contribuição marcante de novos atores no quadro da EP: em especial, universidade, sindicato e ONGs, resultando em projetos inovadores em matéria de metodologias, clientelas atendidas, conteúdos ministrados e construção de parcerias entre o setor público e o privado.[11]

---

7 Todos os Estados realizaram, no âmbito dos PEQs, pelo menos um Congresso Estadual de EP, entre 1997-98, para apresentação e avaliação de resultados. A Sefor promoveu, desde 1995, duas a três oficinas por ano, regionais ou nacionais (ou seja, 10 a 15 oficinas anuais), com média de 30 participantes em cada uma, para planejamento/revisão dos PEQs e Parcerias, definição e estudo de termos de referência, análise de resoluções do Codefat, prestação de contas, envolvendo presidentes de CETs, secretários de trabalho e técnicos da área de qualificação das 27 UFs. Em relação à avaliação externa, destaca-se a mobilização das 27 equipes de avaliação, para construção metodológica, coordenada pela Unitrabalho, com participação da Sefor e técnicos das STBs, em 1997.

8 Exemplos: Seminário da RET, Brasília, 1996; Congresso da Alast, Águas de Lindóia, 1997 (incluindo apoio à publicação de seus resultados, em 1998); Congresso Internacional do Mudes, Rio de Janeiro, 1997; I Congresso Brasileiro de Educação Profissional, Brasília, dez-98, em parceria com o GDF, Fiesp e Fundação Roberto Marinho.

9 Mais de duas mil CMTs estão instaladas no país (que tem um total de 5,5 mil municípios).

10 Para aprovação da Resolução 194/98, relativa ao Planfor 1999-2002, o Codefat mobilizou suas equipes de apoio técnicos, especialmente das bancadas de empresários e trabalhadores, por cerca de dois meses (levantamento de dados, reuniões técnicas, pareceres etc.).

11 Ver MTE-Sefor, *Catálogo de projetos*: experiências inovadoras e *Catálogo de produtos*, Série 1998. Acervo Planfor.

d) Aproveitamento da infra-estrutura e competência disponível no Sistema S, fundações e organizações empresariais, ampliando contrapartidas de recursos privados para o Planfor.[12]

e) Progressivo conhecimento e mapeamento da REP: realizado, em parceria com o Grupo de Instituições e Fundações de Empresas (Gife), um cadastro de mais de mil entidades dedicadas à EP de jovens em todo o país (disponível em CD-ROM e internet). Ao mesmo tempo, como projeto especial dos PEQs, todos os Estados implementaram cadastros da REP estadual, atingindo, até final de 1998, cerca de 14 mil entidades cadastradas (vários já estruturados em bancos de dados e disponíveis pela internet).

f) Aprendizado conjunto, MTE-STBs-parceiros, dos limites e possibilidades do estatuto legal para convênios, contratos, licitações, permitindo maior agilidade nos repasses de recursos e maior tempo para execução dos projetos.[13]

g) Ampliação e consolidação de quadros técnicos ligados à EP no MTE, STBs e entidades executoras: a Sefor não possuía equipe técnica em 1995, chegando a 1998 com cerca de 20 técnicos, contratados e/ou formados a partir da equipe original; STBs tinham 350 técnicos em 1995, passando a 1,5 mil em 1998; entidades executoras envolviam 4,5 mil especialistas-instrutores, passando a 32 mil em 1998.

Conclusões gerais e perspectivas: 1999-2002

O processo de concepção e implementação do Planfor, de mobilização e consolidação de atores, de avanços gradativos, pode ter seu componente de voluntarismo. Mas isso é pouco para explicar os resultados obtidos. É preciso, antes de tudo, levar em conta o contexto político mais amplo (um governo com um forte discurso social, explorado até seus limites e últimas conseqüências); a existência do FAT e abertura do Codefat (traduzido em aportes consideráveis de recursos); o processo de reestruturação produtiva, fazendo da qualificação profissional um tema-chave para trabalhadores, empresários, acadêmicos, educadores; a crise institucional e reformas em curso no modelo dominante da EP (Sistema S e escolas técnicas).

12 Destaca-se o projeto do Telecurso 2000, desenvolvido pela Fiesp-Senai-Fundação Roberto Marinho, para cursos supletivos de 1º e 2º graus e programas profissionalizantes, a distância, em todo o país, que passou a beneficiar clientelas do Planfor a partir de 1998.

13 Em 1995, os recursos do FAT chegaram aos Estados no último trimestre; em 1996, no penúltimo; em 1997, no segundo; em 1998, no primeiro.

É desnecessário insistir que os avanços e aprendizados indicados apenas se iniciaram. Sua consolidação não é linear, nada está garantido, dificuldades aparecem a cada momento,[14] reiterando desafios antigos ou propondo novos, que certamente implicam intensificar a estratégia de articulação do Planfor, a saber:

a) Integração dos mecanismos da política pública de trabalho e renda: o tema da EP de certa forma "puxou" o debate, mas não é suficiente; o grupo de atores precisa avançar na concepção e operacionalização do conjunto de mecanismos de apoio ao trabalhador, já existentes ou passíveis de ser estruturados (investimentos produtivos, crédito popular, intermediação, informação sobre o mercado, além da qualificação profissional); a Resolução 194/98, que rege o Planfor 1999-2002, abre possibilidades para essa integração, mas há um longo caminho entre resolução e ação, como já se aprendeu.

b) Mecanismos para estabelecimento de consensos: seguir com seu fortalecimento, via mobilização e preparação de membros do Codefat, CETs e CMTs.

c) Formadores e gestores: ampliar mecanismos e alcance dos programas de formação e certificação de quadros técnicos-gerenciais do MTE, STBs e executores.[15]

d) Marco legal: prosseguir na adequação de leis e normas ao objeto da EP e à entrada de novos atores, viabilizando a descentralização ao nível municipal.[16]

e) Avaliação externa: aprimoramento metodológico, buscando indicadores de eficiência, eficácia e efetividade social que incorporem a visão do Planfor como política pública, mas também constituam efetivo insumo para tomada de decisão.

f) Efeito "catalisador" do Planfor: intensificar mobilização, articulação e refocalização da competência e recursos da REP, para atingir, com recursos do FAT e de outras fontes, a meta de qualificar ou requalificar, anualmente, pelo menos 20% da PEA – incluindo, nesse processo, ação massiva para erradicação do analfabetismo absoluto ou funcional, assim como para elevação da escolaridade da PEA, como precondição para qualquer programa de qualificação profissional.

---

14 Com o início de novos mandatos, em 1999, surgem novas alianças, equipes, orientações – mesmo nos casos de continuidade do governante. Em muitos casos, é preciso recomeçar do zero...

15 As Parcerias 1999 prevêem processos de formação de membros das CETs-CMTs pelas centrais sindicais e Flacso Brasil, que deve também seguir com a capacitação e certificação de quadros técnicos. A partir de 2000 está prevista, no projeto da Flacso, um SIP – Sistema Integrado de Pós-graduação focado em políticas públicas de trabalho e educação profissional.

16 O MTE tem se integrado ao projeto de discussão e proposição de um novo marco legal para o 3º setor, conduzido pelo Comunidade Solidária.

5
Propostas

Neste capítulo são destacadas, do numeroso conjunto de propostas de aperfeiçoamento do Planfor e da PPTR apresentadas nos capítulos anteriores, aquelas que, em razão de sua importância e viabilidade, mereciam ser desenvolvidas com maiores detalhes, sugerindo alguns caminhos para avançar em aspectos estratégicos da PPTR.

Propostas para melhorar a articulação da REP: Sistema S e escolas técnicas federais e estaduais

O Planfor tem a meta de garantir qualificação/requalificação a pelo menos 20% da PEA ao ano, articulando toda a rede de educação profissional do país. O Sistema S e a rede de escolas técnicas federais e estaduais podem ser considerados peças-chave nessa articulação, considerando sua experiência, infraestrutura e recursos.

Para chegar, em 2002, a uma oferta de 15 milhões de treinandos ao ano, em programas de qualificação/requalificação profissional, o Planfor se propõe a garantir um terço dessa meta (5 milhões de treinandos), com recursos do FAT. Projetada ao gasto médio atual por treinando, essa meta implicaria investimento de R$ 1 bilhão do FAT. Outras agências devem garantir os 10 milhões de treinados restantes, o que exigiria, baseado no mesmo parâmetro, investimento de R$ 2 bilhões de outras fontes que não do FAT. Trata-se de investimento bastante factível, que representa menos da metade do que hoje movimenta o Sistema S (sem contar o Sebrae).

Propostas relativas ao Sistema S

Para uma participação efetiva do Sistema S nessa meta, é preciso uma articulação em várias frentes, mas focalizada em uma pauta comum, cobrindo os seguintes pontos:[1]

1. redução da despesa em atividades – meio em benefício da atividade – fim: hoje a administração do Sistema consome, declaradamente, 30% dos recursos nos S de formação profissional e 34% nos S sociais; é possível que essa proporção seja mais alta, considerando despesas embutidas em atividades fim; a meta seria reduzir essas despesas ao teto de 20%;

2. controle de despesas de capital em construção de sedes e mesmo obras de ampliação de prédios escolares, levando em conta as possibilidades de melhor utilização da capacidade já instalada;

3. controle da tendência ao entesouramento, garantindo maior aplicação de recursos nas atividades finalísticas;

4. aumento de programas de qualificação e requalificação permanente e de educação supletiva de jovens e adultos, saúde e segurança no trabalho, formação de empreendedores, deixando gradativamente as áreas de educação elementar (que têm participação expressiva no Sesi de São Paulo, possivelmente duplicando ações da rede pública, que já garante cobertura próxima a 100% no ensino de 1º grau) e da aprendizagem, modelo superado do ponto de vista pedagógico, de pequena escala e de alto custo operacional;

5. abertura do atendimento a populações vulneráveis (desempregados, trabalhadores sob risco de desocupação, mulheres chefes de família, jovens, pessoas em situação de pobreza), rompendo a quase exclusividade a trabalhadores indicados pela empresas contribuintes e/ou em condições de pagar pelos cursos;

6. garantia de gratuidade de programas ofertados com a contribuição compulsória (o Senac cobra por praticamente todo seu atendimento e os demais S vêm adotando práticas semelhantes, na ilusão de superar quedas de arrecadação e garantir auto-suficiência);

7. revisão do sistema de estatísticas escolares, que permita identificar o perfil e volume de trabalhadores de fato atendidos e não apenas matrículas (lembrando, no entanto, que esta não é uma limitação apenas do Sistema S, mas de uma concepção de estatísticas educacionais largamente adotada);

---

1 Esses pontos retomam e ampliam, em face da experiência do Planfor, uma pauta inicial que foi apresentada pelo MTE aos diretores nacionais e superintendentes das entidades do Sistema S (exceto Sebrae) em 1996.

8. adoção de mecanismos de avaliação externa e acompanhamento de egressos (hoje, somente o Senai de São Paulo tem um sistema que acompanha, de forma sistemática, os egressos de seus cursos de média e longa duração – que representam cerca de 20% da matrícula total);

9. criação ou ampliação de mecanismos de encaminhamento ao mercado de trabalho e de transição monitorada entre escola e trabalho (no caso de jovens), aproveitando a proximidade e laços do Sistema S com o setor empresarial;

10. atualização dos regimentos, garantindo participação de trabalhadores na gestão dos recursos e na definição dos cursos e treinamentos ofertados (os regimentos são elaborados pelas entidades e sancionados pela Presidência da República).

A seguir, algumas possibilidades de atuação para negociação dessa pauta junto ao Sistema, supondo-se que seja de alguma forma garantida a contribuição compulsória a sua manutenção (ainda que possa ser mudada a base de cálculo) e a forma de gestão atual. Todas as medidas legais apontadas estão sujeitas, naturalmente, a uma avaliação e orientação jurídica especializada.

a) Representação em Conselhos Fiscais

- O MTE tem representação nos Conselhos Fiscais do Senar, Sesc, Senac, os quais elaboram e discutem orçamentos e suas revisões, para aprovação pelos Conselhos Nacionais; essa representação é exercida por técnicos da SPPE.
- Medida: profissionalizar a representação do MTE nos Conselhos Fiscais, designando especialista em orçamento e contas públicas, capaz de se apropriar de informações estratégicas, auditar o processo e descobrir possíveis brechas de intervenção. O representante designado deve se responsabilizar, posteriormente, pela análise e emissão de parecer técnico sobre os orçamentos submetidos à apreciação do MTE.

b) Representação em Conselhos Nacionais

- O MTE tem representação nos Conselhos Nacionais do Senai/Sesi, Sesc/Senac, Senar, juntamente com os Ministérios da Educação, Previdência e Agricultura. Não tem no Sest/Senat (Previdência) e Sebrae (Ministério da Indústria e Comércio).
- Medida: articular uma ação conjunta com outros representantes governamentais (Ministérios da Educação, Agricultura, Previdência e Indústria e Comércio) para apresentação e defesa em bloco, nesses Conselhos, de pauta comum indicada.

c) Representação em Conselhos Regionais

- O MTE é representado pelas DRTs nos Conselhos Regionais (em sua maioria de âmbito estadual) do Sistema S; outros Ministérios têm esquemas de representação similar (via órgãos estaduais/regionais).
- Medida: coordenação e preparação das DRTs para posicionamento em bloco nos Conselhos Regionais, na mesma linha já mencionada acima e para participação mais ampla do Sistema S em parcerias com os PEQs – Planos Estaduais de Qualificação (v. proposta a seguir). A partir da articulação com outros Ministérios, identificar formas e meios para uma integração da bancada governamental nos Estados.

d) Participação do Sistema S nos PEQs

- O Sistema S como um todo vem participando da execução dos PEQs. Em 1997, os S receberam R$ 58,6 milhões dos PEQs, para um total de 340 mil treinandos, ficando em 4º lugar no rol de executores do Planfor (depois de universidades públicas, universidades/faculdades privadas, sindicatos).
- Medida: com apoio do Codefat e Comissões Estaduais de Trabalho/Emprego (que têm representação do Sistema, por meio das Confederações/Federações da Indústria e do Comércio), negociar, com STBs, a inclusão, nos contratos com o Sistema S, de cláusulas que estipulem:
  - garantia de encaminhamento e colocação de treinandos do PEQ no mercado de trabalho;
  - oferta, para cada treinando pago pelo PEQ, de contrapartida de pelo menos mais um treinando gratuitamente atendido (pertencente à população-alvo do Planfor e sem condições de acesso a cursos/escolas dos S).

e) Estatuto da aprendizagem x Regime de Trabalho Educativo

- O estatuto da aprendizagem, contido na CLT, obriga, em tese, que as empresas mantenham, em escolas do Sistema ou próprias, uma proporção de aprendizes (na faixa de 14-18 anos) que varia entre 5% e 15% de seus trabalhadores adultos (maiores de 18 anos). O Senac praticamente abandonou essa modalidade de curso na década de 70, mas aciona esquemas emergenciais sempre que alguma fiscalização do MTE (como tem ocorrido em SC, MG e outros Estados) exige seu cumprimento. No Senai, a aprendizagem praticamente só sobrevive em São Paulo; o Senar jamais ativou o mecanismo e o Senat está fora de sua abrangência, pois o setor de transportes não admite o trabalho de menores de 18 anos.

- Medida: ao lado da própria revisão da CLT, que extinguiria esse estatuto obsoleto, chegou a ser proposta – mas não foi adiante – a inclusão, na lei que rege o Trabalho Educativo, de artigo que permitiria às empresas computar, como aprendizes, os jovens beneficiados por esse novo regime. Cabe verificar a possibilidade de recuperar esse artigo ou mesmo de explicitar essa abertura na regulamentação do Trabalho Educativo, após sua aprovação.

f) Intervenção conjunta MTE/MICT na elaboração do orçamento do Sistema

- O MTE e o MICT têm possibilidade de intervir na composição dos orçamentos dos S, com pequena alteração no decreto que define suas atribuições nessa matéria.
- Medida: negociar decreto presidencial mudando as atribuições do MTE e MICT e formatar portaria conjunta com o MICT, no sentido de regular e carimbar recursos nos orçamentos dos S, segundo prioridades inicialmente indicadas.

Propostas relativas à rede de ensino técnico federal-estadual

O ponto fundamental da proposta é: a gradual adequação de unidades dessa rede para atuarem como Centros Públicos de Educação Profissional, que sirvam, inclusive, como sinalização das possibilidades de um novo modelo pedagógico e institucional de EP no país.

A idéia de Centros Públicos de Educação Profissional inclui as seguintes dimensões:

- clientela: deve ser constituída pela PEA, contemplando, sem exclusividade mas com prioridade, segmentos excluídos ou com dificuldade de acesso a outras alternativas de EP, tais como trabalhadores de baixa escolaridade, desempregados, do setor formal e informal, mulheres chefes de família, jovens iniciantes no mercado de trabalho, pequenas e microempresas, do setor urbano e rural;
- atividades: EP em sentido amplo, abrangendo habilidades básicas, específicas e de gestão, para trabalhadores em qualquer nível de escolaridade (inclusive média, pós-média, superior e pós-superior); formação de formadores, gestores e executivos para a área de EP; extensão cultural, tecnológica, assessorias e serviços (laboratórios, oficinas, fazendas); orientação, intermediação e encaminhamento ao mercado de trabalho; documentação pessoal e profissional;
- operação: flexível, parceria entre diferentes agentes da comunidade, públicos e privados, do Sistema S, escolas técnicas, ensino livre, ONGs, para operar o Centro, ministrar cursos e desenvolver diferentes atividades ofertadas;

- gestão: democrática, com participação dos diferentes atores e parceiros envolvidos no centro, em bases tri ou multipartites e paritárias;
- financiamento: recursos públicos, aliados à busca de progressivo autofinanciamento das atividades, mediante diversificação da clientela e dos produtos/serviços (tendo em vista, por exemplo, empresas e outros consumidores que podem no mínimo ressarcir o centro pelos serviços prestados).

O MEC/Sedem/Proep – Programa de Expansão da Educação Profissional, que tem financiamento do BID, com contrapartida do FAT, pode impulsionar firmemente essa mudança, inclusive em alguns centros do Sistema S.

Proposta para avançar na integração da PPTR

Segundo a literatura especializada,[2] a questão do trabalho comporta pelo menos duas frentes de intervenção pública:

- programática, ou seja, referente ao fomento ao emprego, à educação e qualificação profissional, bem como à proteção ao trabalhador;
- normativa: referente à modernização de instituições que regem as relações capital-trabalho.

Essas duas frentes de intervenção, por sua vez, desdobram-se em políticas chamadas ativas e passivas, ou seja:

- ativas: as que geram emprego e melhoram a empregabilidade do trabalhador, tais como investimentos, linhas de crédito popular, educação de jovens e adultos, qualificação profissional, informação sobre o mercado de trabalho, flexibilização da legislação trabalhista e maior facilidade de contratação;
- passivas: as que protegem o trabalhador desempregado, atenuando os impactos negativos do desemprego, como o seguro-desemprego e a intermediação de mão-de-obra.

No Brasil, a partir da Constituição de 1988, esse conjunto de ações está contemplado pelo Fundo de Amparo ao Trabalhador (FAT), regulamentado pela Lei 7.998, de 1990. Essa lei, em seu artigo 10, dispõe a vinculação do FAT ao MTE e a destinação de seus recursos para custeio de políticas passivas (seguro-desemprego, intermediação e abono salarial) e ativas (qualificação profissional, informação sobre o mercado de trabalho, financiamento de programas de desenvolvimento econômico e crédito popular).

---

2 A conceituação apresentada no item toma por base as seguintes fontes: AZEREDO, B. (1998); MEHEDFF, C.G. (1999) e MTE (1998).

No último quadriênio, vários desses programas, mesmo recém-implementados, atingiram escala considerável de atendimento:

- o seguro-desemprego atendeu mais de 26 milhões de desempregados, pagando, em média, benefício equivalente a 1,5 salário mínimo de referência;
- cerca de R$ 3 bilhões foram desembolsados pelo Banco Nacional de Desenvolvimento Econômico e Social (BNDES), em empreendimentos potencialmente geradores de cerca de 400 mil empregos diretos e indiretos (mar. 96/dez. 98);
- o crédito popular (Proger, Pronaf) realizou quase 1,5 milhão de operações e aplicou perto de R$ 7,5 bilhões, financiando agricultores familiares, microempresários e autônomos (jan. 95/mar. 99);
- o Planfor atingiu 5,7 milhões de treinandos, de 1995 a 1998, em sua maioria desempregados, trabalhadores do setor informal e grupos com maior dificuldades de acesso ou permanência no mercado de trabalho.

Esses números mostram que o país vem ativando mecanismos-chave para enfrentar o problema do desemprego e a nova dinâmica do mercado de trabalho. O desafio, agora, é integrar cada vez mais essas ações, de modo que se otimize a aplicação de recursos do FAT e se elevem sua eficiência e sua eficácia, garantindo crescente visibilidade à política pública de trabalho e renda. Essa integração deve também contribuir para ativar programas que ainda têm desempenho modesto, como a intermediação de mão-de-obra e a superação de gargalos operacionais em linhas de crédito popular.

Um ponto de partida é a integração da qualificação profissional com o encaminhamento ao mercado de trabalho, nas diversas formas de inserção que hoje se abrem: emprego assalariado, trabalho autônomo, cooperativas, associações, pequenos e microempreendimentos. O encaminhamento ao mercado de trabalho passa, assim, a ser entendido como etapa final e necessária das ações de educação profissional, cuja medida básica de eficácia é a inserção ou permanência dos treinandos no mercado de trabalho, a melhoria da qualidade e produtividade do setor produtivo e da qualidade de vida das populações atendidas.

A viabilidade dessa integração vem sendo amplamente testada. No período 1996-98, mais de 300 mil beneficiários dos programas de crédito popular e 620 mil do seguro-desemprego passaram também pela qualificação profissional – o que mostra que é viável uma ação articulada. Além disso, no mesmo período, 1,2 milhão de treinandos do Planfor foram encaminhados ao mercado de trabalho (como assalariados, autônomos, cooperados, microempresários), volume que representa 48% do total de desempregados que passaram pela qualificação profissional nesse intervalo.

Essas potencialidades estão consolidadas na Resolução 194/98, do Codefat, que rege o Planfor 1999/2002, reforçando a abertura para integração no seu art. 4º, que:

- inclui pessoas desocupadas, beneficiárias ou não do seguro-desemprego e do crédito popular, como população-alvo prioritária da qualificação profissional (alíneas a, c);
- confere prioridade a projetos que integrem ações de qualificação com encaminhamento ao mercado de trabalho (parágrafo 2º).

Política Pública de Trabalho e Renda (PPTR): premissas gerais para integração

1. Reconhecimento da nova dinâmica do mercado de trabalho, caracterizado, entre outros aspectos, pelo fraco dinamismo do emprego formal, assalariado, urbano, industrial, mas registra diversificação e expansão de oportunidades de trabalho no chamado setor "informal", que inclui trabalho autônomo, associativo, microempreendimentos urbanos e rurais. O "informal", por sua vez, é ainda pouco explorado em suas novas características, mas já se questiona sua identificação simplista com trabalho "precário, ilegal, desqualificado" – características que, sem dúvida, subsistem em muitas atividades, inclusive altamente formalizadas.

2. Necessidade de concepção e formatação de um sistema capaz de dar conta das características do país, em matéria de dimensões continentais e dificuldades de comunicação; diversidade e disparidade econômica, social e cultural; volume e baixa escolaridade da PEA de 75 milhões de trabalhadores, dos quais 80% com menos de 11 anos de estudo, ou seja, sem escolaridade de 2º grau, requisito mínimo de desempenho profissional, que tende a se universalizar no mercado de trabalho. Isso implica desenhar um sistema capaz de atingir, gradualmente, pelo menos o universo de desempregados com escolaridade inferior a esse mínimo (cerca de 6 milhões de pessoas, em estimativas atuais).

3. Para atingir essa escala, há necessidade de bases de gestão/execução descentralizadas e flexíveis, articulando e fortalecendo, gradativamente, toda a capacidade efetiva ou potencial de qualificação-intermediação existente no país, governamental e não governamental, por meio de: agências de educação profissional; sindicatos e associações de trabalhadores; federações, associações e fundações empresariais; organizações sociais; agências de colocação privadas.

4. Tal mobilização e articulação devem ser construídas em bases participativas, mediante mecanismos de adesão e incentivos às partes interessadas: gestores, executores e beneficiários do programa. A idéia de "público" deve ser entendida como resultado da parceria entre governo e sociedade, e não como simplesmente "estatal".

5. No que toca a recursos do FAT, deve ser garantida prioridade de atendimento a pessoas de baixa escolaridade, em face de sua maior dificuldade de acesso a informações sobre o mercado de trabalho e a serviços privados de intermediação. Além da baixa escolaridade, outros fatores de vulnerabilidade social deverão ser considerados para atendimento preferencial, nos termos da Resolução 194/98 (art. 4º, §1º).

6. Fortalecimento e capacitação das instâncias de gestão do FAT – Codefat, Comissões Estaduais e Municipais – para planejar e gerir a integração proposta. Isso implica, de um lado, vias de articulação recíproca entre essas instâncias e de todas com outras instâncias de articulação de políticas públicas, como o recém-lançado "Comunidade Ativa", um programa de desenvolvimento local do Comunidade Solidária, que prevê também criação e fortalecimento de foros locais para gestão integrada de políticas públicas.

7. Avaliação externa, independente, com base em indicadores de eficiência, eficácia e efetividade social das ações, adequadamente construídos para aplicação em políticas públicas.

Concepção do sistema integrado

1. A proposta é estruturar, a médio e longo prazos, um sistema ágil e eficiente que garanta a inserção ou reinserção do trabalhador no mercado, de forma direta ou mediada pela realização de programas de qualificação.

2. Para essa finalidade, entende-se encaminhamento ao mercado de trabalho em relação a oportunidades efetivas de trabalho e geração de renda, nos termos da Resolução 194/98, art. 4º, §2º: intermediação para vagas ofertadas por empresas, organizações de formas associativas de produção, apoio para atividades autônomas e outras alternativas de trabalho e geração de renda.

Cursos, treinamentos e assessorias a desempregados (orientação e informação sobre o mercado, como proceder em entrevistas a empregos, elaboração de currículo, organização e gestão de cooperativas) devem ser computados como formação básica ou gerencial, mas não entendidos como ações de encaminhamento ao mercado de trabalho.

3. O sistema deve ter pelo menos três "portas" de entrada/saída, com fluxos gradativamente articulados entre si:

- Agências de educação profissional:
  - recebem candidatos à qualificação encaminhados por operadores de seguro-desemprego, do crédito popular ou agências de intermediação, além de clientela própria, diretamente inscrita nos cursos;
  - encaminham concluintes ao mercado, diretamente (serviços próprios) ou por meio de agências de intermediação ou operadores do crédito popular.
- Operadores do seguro-desemprego e crédito popular:
  - recebem candidatos aos benefícios, diretamente ou das agências de EP (no caso, concluintes candidatos a crédito popular);
  - encaminham às agências de intermediação e/ou qualificação candidatos recebidos.
- Agências/postos de intermediação:
  - recebem candidatos a emprego, diretamente ou das agências de EP (no caso, concluintes desocupados);
  - encaminham às agências de qualificação/crédito popular candidatos recebidos.

4. O sistema pode ser constituído a partir das agências de EP, estimuladas a formar parcerias e montar uma rede de intermediação para o mercado. De acordo com a Resolução 194/98, a médio e longo prazos, toda agência de educação profissional deve ser capaz de oferecer intermediação (em sentido amplo, como define a resolução), utilizando serviços próprios ou em parceria com agências especializadas); ao mesmo tempo, deve se integrar com agências de crédito/intermediação, para atendimento prioritário de sua clientela. Essa transformação deve ser também indutora de reestruturação dos serviços públicos de intermediação financiados pelo FAT, assim como dos operadores do seguro e do crédito popular, para concretização dos fluxos indicados.

5. É fundamental reforçar, desde a concepção da PPTR, as premissas de apoio ao trabalhador, que orientam o FAT, bem como de adesão voluntária dos beneficiários aos serviços oferecidos. Isso implica, desde logo, afastar a tentação de usar a qualificação profissional como instrumento de fiscalização e controle, por exemplo, para coibir fraudes no seguro-desemprego (pessoas que recebem o benefício, mas continuam trabalhando "informalmente"). A idéia, que parece simples e eficaz, desvirtua a concepção de EP e gera impactos negativos sobre o aprendizado e, assim, desperdício do recurso investido na qualificação. Ao mesmo tempo, tem baixa eficácia para coibir as fraudes indicadas e estimula outros tipos de fraudes até mais comuns (como a indús-

tria de certificados de matrícula/conclusão em cursos de diversos tipos) – a menos que o FAT aloque recursos para financiar programas de qualificação profissional em período integral, para o universo de beneficiários do seguro-desemprego, durante o tempo em que recebem o benefício.

Referências para planejamento e execução

1. O sistema deve ser planejado e gerido em âmbito estadual, sob coordenação das Secretarias de Trabalho e homologação de Comissões Estaduais e Municipais de Trabalho/Emprego, conjugando os três focos de demanda/oferta indicados.

2. A quantificação dessas demandas e a avaliação preliminar de seu perfil e das possibilidades do mercado local devem servir de base para a elaboração de planos anuais, com metas de atendimento em quatro níveis:

- cadastramento da clientela (definição de perfil, necessidades e aspirações individuais dos candidatos);
- encaminhamento (diretamente ao mercado ou a programas de qualificação/suplência);
- colocação no mercado (nas várias possibilidades indicadas);
- fixação (estipulando-se, com base na realidade local, um mínimo desejável para permanência do trabalhador na colocação efetuada).

3. O cadastramento (entrada no sistema) será feito uma única vez a cada período (no ano ou a cada dois anos, por exemplo, uma vez que o perfil e aspirações dos candidatos têm relativa permanência). Concluintes de educação profissional já serão cadastrados na entrada do curso (por meio da Ficha do Trabalhador), não havendo, portanto, necessidade de repetir esse nível. O encaminhamento e a colocação deverão prever mais de uma tentativa por trabalhador.

4. Os executores serão contratados e remunerados pelos serviços efetivamente prestados, com base em parâmetros de mercado, fixados para os quatro níveis de atendimento acima apontados: cadastramento, encaminhamento, colocação e fixação. Haverá, assim, um patamar para o primeiro nível (cadastramento), que terá adicionais de eficiência ou produtividade, à medida que se concretizem as metas fixadas.

5. À medida que o encaminhamento ao mercado se configure como etapa final da qualificação, sob responsabilidade das próprias entidades de educação profissional, haverá preferência para a contratação de executores, de agências que assumam o encaminhamento, colocação e acompanhamento dos

concluintes no mercado – o que, aliás, levará a ajuste mais preciso da "pontaria" dos cursos ofertados. De todo modo, entidades que se integrem ao sistema deverão comprovar contrapartida de instalações, equipamentos, recursos humanos, capilaridade, experiência na área, acesso a informações sobre o mercado, isoladamente ou em parcerias etc.

6. Os serviços serão, a princípio, gratuitos para os candidatos prioritários, de baixa escolaridade e em situação de pobreza. Não se deve descartar a possibilidade de algum retorno dos beneficiários colocados ao sistema (percentuais sobre salários, rendimentos etc.), cabendo avaliar, no entanto, seu custo-benefício.

7. Mecanismos de supervisão e avaliação, inclusive como prevenção de fraudes, deverão ser estruturados de forma independente da execução (quem executa não avalia), em bases tripartites, com papel fundamental das Comissões Municipais de Trabalho/Emprego. Sistemas de apoio, baseados em números de identificação do trabalhador (PIS, RG, CIC, carteira profissional) são úteis para verificação de trajetórias, lembrando sempre que é preciso trabalhar não apenas com dados relativos ao trabalho assalariado com registro em carteira. A implantação da Ficha do Trabalhador deve facilitar e agilizar essa verificação.

Referências para dimensionamento: estimativas de demanda

1. Em números atuais, a demanda potencial de encaminhamento ao mercado de trabalho no Brasil pode ser estimada em pelo menos 6 milhões de trabalhadores, que formariam o universo de desempregados com escolaridade inferior ao ensino médio. Essa estimativa, baseada em dados de desempregados, não leva em conta as variações de fluxo e tempo de duração do desemprego, entre outras variáveis que precisam ser consideradas para um cálculo preciso da demanda.

Bases dessa estimativa: taxa de desemprego de 10% da PEA, de 75 milhões de trabalhadores = 7,5 milhões de desempregados, 80% dos quais não têm o ensino médio = 6 milhões.

2. Como passo inicial, o sistema deve ser concebido para assistir, no mínimo, 1 milhão de pessoas por mês, capacidade em princípio suficiente para atender, com alguma folga, três grupos de demanda prioritária, a saber:

- 100% dos concluintes do Planfor que estejam desempregados ou buscando se estabelecer, que podem chegar a 280 mil pessoas nos picos de conclusão dos cursos;

Bases dessa estimativa: do total de 1,7 milhão de treinandos previstos para 1999, projeta-se que pelo menos 50% estejam nessa situação, o que daria um total anual de 850 mil concluintes a serem encaminhados ao mercado de trabalho. Esse total pode, para fins de estimativa, ser dividido em três picos de conclusão dos cursos: fim do primeiro semestre, metade e final do segundo.

- 100% dos beneficiários do seguro-desemprego (450 mil pessoas em março/99);
- 100% dos beneficiários do crédito popular (33 mil operações de jan.-mar./99, média de 11 mil mensais).

Referências para dimensionamento: oferta potencial de serviços

1. Assim como existe no país uma rede de educação profissional, que vem sendo amplamente mobilizada para execução do Planfor, pode-se considerar que existe uma rede potencial de intermediação, formada por três tipos de agências:

- agências de educação profissional que já ofertem ou se estruturem para ofertar também intermediação – entendida, como visto, como etapa final e necessária da qualificação: escolas técnicas federais, estaduais e municipais, Sistema S, sindicatos, fundações de empresas, universidades, escolas livres.

O Planfor tem cadastradas 14 mil dessas entidades em todo o país, não se sabendo ainda, contudo, o número exato das que oferecem intermediação e qualificação. Mas é possível admitir, com base na experiência anterior e contando com estímulos e negociação, que cerca de 20% dessas entidades (2,8 mil) possam rapidamente se engajar na integração proposta.

- associações e organizações que oferecem ou têm estrutura (distribuição, instalações, acesso a informações sobre o mercado) para oferecer intermediação, diretamente ou em parceria com agências de educação profissional: sindicatos e associações de trabalhadores; federações, associações e fundações sociais de empresas; associações e grupos comunitários, serviços públicos de emprego.[3]
- agências e serviços de intermediação privados.

---

3 Destacam-se, nesse conjunto, de um lado, as associações e representações do empresariado, que dispõem, direto da fonte, de informações sobre oportunidades de trabalho e requisitos

2. Descartando os serviços privados, mas considerando apenas os dois primeiros grupos citados, admite-se, em estimativa conservadora, que seria possível contar com uma rede inicial de pelo menos 3 mil "postos" de atendimento ao trabalhador. Para atingir a meta inicial, de 1 milhão de pessoas intermediadas/mês, é preciso que cada posto atenda, no mínimo, 330 pessoas/mês – o que parece factível, em termos de fluxo. Vale reiterar que "atendimento" significa todo o processo de encaminhamento ao mercado de trabalho (e não apenas cadastramento de vagas-candidatos). Trata-se, mais uma vez, de cálculo ilustrativo, pois qualquer média encobre grandes disparidades de demanda (postos em grandes centros urbanos terão demandas diárias muito maiores).

3. Não obstante, ainda em caráter ilustrativo, e à medida que se incorporem agências privadas ao sistema, parece factível pelo menos dobrar o número de postos, contando com pelo menos um em cada município do país (5,5 mil), além de uma rede adicional de pelo menos mais 500 agências nas capitais e municípios com mais de 500 mil habitantes, que concentram maior volume de desempregados.

Estratégia de implantação

A premissa básica é a construção participativa, negociada, com implantação gradual. Os principais passos dessa implantação, não necessariamente subseqüentes, seriam:

1. Ampla discussão para concepção-formatação do sistema, buscando formas de operacionalização e parâmetros consistentes com o mercado, envolvendo os diversos interessados – governo, trabalhadores, empresários, especialistas, agências efetiva ou potencialmente integrantes do sistema.

2. Desenho e implantação experimental em alguns Estados-Municípios, a partir de 2000, seguida de avaliação. Idealmente, pelo menos uma experiência em cada Estado, contemplando preferencialmente áreas metropolitanas e outros focos de desemprego/pobreza.

3. Preparação massiva dos agentes fundamentais para concepção e gestão do sistema nos Estados e Municípios.

4. Revisão e expansão gradativa, a partir de 2001.

---

de admissão e podem, por isso mesmo, assumir maior comprometimento com a disponibilização dessas oportunidades; de outro, a rede atual do Sistema Nacional de Emprego (Sine), que registra 1,5 milhão de inscrições de desempregados entre jan.-mar./99, com 322 mil encaminhados e 77,5 mil colocados, dada sua orientação apenas para o mercado de trabalho formal.

Bibliografia

ABET. *Coleção Mercado de Trabalho*. São Paulo, 1998.

ALSTRA. Paradigmas de la sociología del trabajo. *Revista Latinoamericana de Estudios del Trabajo (México)*, Año 1, n.1, 1995.

ALSTRA. *Trabalho e sociedade: desafios teóricos* (*São Paulo*), ano 3, n.5, 1997.

AZEREDO, B. *Políticas públicas de emprego: a experiência brasileira*. São Paulo: GDF/ Unicamp/Abet, 1998.

CARLEIAL, L., VALLE, R. (Org.) *Reestruturação produtiva e mercado de trabalho no Brasil*. São Paulo: Hucitec/Abet, 1997.

CINTERFOR/OIT. Boletín técnico interamericano de formación profesional. *Alianzas estratégicas para la formación (Montevideo)*, n.142, enero-abril de 1998.

CINTERFOR/OIT, Boletín técnico interamericano de formación profesional. *Formación, Democracia y Ciudadanía (Montevideo)*, n.138, enero-marzo 1997.

CINTERFOR/OIT, Papeles de la oficina técnica. *Formación, trabajo y conocimiento (Montevideo)*, n.7 ,1999.

DIEESE. Formação Profissional: um novo espaço de negociação *Pesquisa DIEESE* (*São Paulo*), n.13, maio 1998.

FLACSO/Brasil. Uma proposta metodológica: a metodologia Flacso/Unesco-MAB, 1992 (mimeo).

GALLART, M. A. (Coord.) *La formación para el trabajo en el final del siglo: entre la reconversión productiva y la exclusión social*. Buenos Aires/Santiago/México: CIID/ Cenep/Orealc/Unesco, 1995.

GUTIERREZ ALVES, E. L. (Org.) *Modernização produtiva e relações de trabalho*. Perspectivas de políticas públicas. Petrópolis: Vozes, Brasília: Ipea, 1997.

IPEA. *Seminário: o sistema brasileiro de proteção social ao desempregado*, Rio de Janeiro, 1999 (mimeo).

LEITE, E. *El rescate de la calificación*. Montevideo: Cinterfor/OIT, 1996.

________. *O desfile dos atores no enredo da nova institucionalidade da educação profissional no Brasil:* um samba articulado?, Santiago de Chile, jun. 1999 (mimeo).

MEHEDFF, C. G. A construção da política pública de trabalho e renda. *In: Material Didático do Programa de Qualificação das Comissões e Conselhos Estaduais de Trabalho.* Brasília: Flacso, MTE/Sefor, FAT, 1999 (mimeo).

MTb. *Emprego no Brasil.* Diagnóstico e políticas, Brasília, mar. 1998.

________. *Plano de ação.* Um compromisso com a mudança 1996-1998. Brasília, s/d.

________. *Política pública de emprego e renda:* ações do governo. Brasília, abr. 1997.

________. *Relatório da força tarefa sobre políticas de emprego.* Brasília, agosto de 1998.

OLIVEIRA, M. A. (Org.). *Reforma do Estado & Políticas de Emprego no Brasil*, Campinas: GDF/Unicamp/Seter, 1998.

OIT/MTE. *Brasil.* Abertura e ajuste do mercado de trabalho no Brasil. Brasília/São Paulo, 1999.

PACTI/PBQP. *Questões críticas da educação brasileira.* Consolidação de propostas e subsídios para ações nas áreas da tecnologia e da qualidade. Brasília: MTb, 1995.

PRESIDÊNCIA DA REPÚBLICA. *O mercado de trabalho e a geração de empregos.* Brasília: MTb, 1997.

SEFOR. *Avanço conceitual.* Termos de referência. Centros públicos de Educação Profissional – Modelos de Educação Profissional – Formação de formadores – Certificação ocupacional. Brasília: Planfor, MTb, fev. 1997.

________. *Educação Profissional:* o debate da(s) competência(s). Brasília: MTb, 1997.

________. *Educação Profissional:* um projeto para o desenvolvimento sustentado. Brasília: MTb, 1995.

________. *Guia de Planejamento e Execução.* Planos e Projetos de Educação Profissional. Brasília: Planfor, MTb, Out. 1997.

________. *Habilidades, uma questão de competências?* Brasília: Planfor, MTb, nov. 1996.

________. *Modelo para apresentação do Plano Estadual de Trabalho* – Qualificação Profissional. Brasília: MTb, 1996 (mimeo).

________. *Orientações para a elaboração do Plano de Trabalho 96/99* – Qualificação profissional. Brasília: MTb, 1995 (mimeo).

________. *PEQs e parcerias:* diretrizes de planejamento 1999/2002 e proposta de alocação de recursos. Brasília: MTb, 1998 (mimeo).

________. *PEQs* – 1996: Perfil da clientela & avaliação de foco dos programas. Brasília: MTb, 1997.

________. *PLANFOR.* Avaliação gerencial. Segundo ano do triênio – resultados até 31/12/97. Brasília: MTb, abr. 1998.

________. *PLANFOR 1996/99.* Avaliação gerencial 1996 – Primeiro ano do triênio. Brasília: MTb, maio 1997.

________. *PLANFOR 1997.* Anuário dos Planos Estaduais de Qualificação. Brasília: MTb, abr. 1998.

________. *Plano Nacional de Educação Profissional.* Trabalho e empregabilidade, Brasília: MTb, s/d.

________. *Sistema público de emprego e educação profissional.* Implementação de uma política integrada. Brasília: MTb, Jun. 1996.

________. *Termos de referência dos programas de educação profissional.* Nacionais – estaduais – emergenciais. Brasília: Planfor, MTb, nov. de 1996.

________. *Termos de referência dos projetos especiais.* Avaliação – acompanhamento e supervisão – cadastro de executores. Brasília: Planfor, MTb, nov. de 1996.

STIFTUNG, K. A. *A projeção do Brasil face ao século XXI.* Ano 1998, n.6, São Paulo. (Série Debates).

UNITRABALHO. Avaliação do Planfor: uma política pública de educação profissional em debate. *Cadernos UNITRABALHO 2.* São Carlos, 1999.

WEINBERG, Pedro D. (Comp.), *Integración y formación:* lecciones de la experiencia comunitaria europea y las perspectivas para el Mercosur. Montevideo: Cinteefor/OIT/Ministerio de Trabajo de España, 1992.

Anexo – Perfil do Sistema S

Introdução

Denomina-se Sistema S, apenas para fins analíticos, o conjunto de Serviços de Aprendizagem e respectivos Serviços Sociais que atuam em âmbito nacional, a saber:

- Senai – Serviço Nacional de Aprendizagem Industrial (criado em 1942) e Sesi – Serviço Social da Indústria (1946);
- Senac – Serviço Nacional de Aprendizagem Comercial (1946) e Sesc – Serviço Social do Comércio;
- Senar – Serviço Nacional de Aprendizagem Rural (1991), que incorpora atividades sociais e de formação profissional. Houve anteriormente um Senar, entre 1976 e 1988, criado como departamento do Ministério do Trabalho, em cooperação com o Ministério da Agricultura. Esse modelo, na verdade, não chegou a ter atuação de grande alcance. Após sua extinção, foi criado o atual Senar, em 1991, em moldes semelhantes aos demais S. Houve nova reestruturação do Senar em 1992-93, tendo iniciado operação efetivamente em 1994;
- Senat – Serviço Nacional de Aprendizagem em Transportes (1993) e Sest – Serviço Social em Transportes, surgido como "dissidência" das empresas de transportes sobre pneus, que contribuíam para o Senai e decidiram criar sua própria entidade.
- Além dessas entidades, o Sistema S abriga também o Sebrae – Serviço de Apoio à Pequena e Média Empresa.

É difícil traçar um perfil exaustivo do Sistema S, pois não há um padrão para apresentação de relatórios ao longo do tempo, entre as entidades ou até na mesma instituição. Adicione-se a isso o fato de que os S utilizam categorias e classificações próprias, decorrentes de especificidades de suas programações, cuja sistematização ou agregação pede conhecimento especializado.

Dados financeiros são particularmente complicados. O Ministério do Trabalho recebe, para aprovação, os orçamentos e respectivas reformulações da maioria dos S, salvo os do Sebrae, ligado ao Ministério da Indústria e Comércio, e os do Senat/Sest, vinculado ao Ministério dos Transportes. Os balanços, que retratam a execução efetiva de cada exercício, são encaminhados diretamente ao TCU. Não é praxe das entidades divulgar dados financeiros em seus relatórios anuais, para públicos mais amplos. Pesquisas diretas junto ao TCU ou às próprias entidades são certamente factíveis, mas demandam tempo, pessoal especializado e procedimentos formais para garantir o acesso a tais dados. Sempre que possível serão feitas comparações com o Planfor.

Atividades

Os S de formação profissional – Serviços Nacionais de Aprendizagem – comportam grande variedade de atendimento, em matéria de conteúdo, duração e clientela dos programas oferecidos. As principais modalidades de atuação são as seguintes:

- aprendizagem: embora dê nome aos Serviços Nacionais, praticamente existe apenas no Senai e, mesmo neste, em fase de desativação gradativa. Visa à formação de aprendizes, na faixa de 14-18 anos de idade, em programas de longa duração (1.500 horas), que incluem período escolar e estágio nas empresas, de acordo com o estatuto da aprendizagem fixado pela CLT. Até início dos anos 90, garantia, em algumas modalidades, principalmente no Estado de São Paulo, equivalência ao 1º grau; no entanto, à medida que se universaliza a educação elementar, de oito anos, essas modalidades perdem sentido e clientela. O Senac praticamente desativou o Curso de Aprendizagem desde os anos 70, e o Senar e o Senat nem sequer implementaram esse programa;
- formação de técnicos de nível médio e superior (tecnólogos): cursos de longa duração (geralmente mais de mil horas), existentes apenas no Senai e, residualmente, no Senac. No Senai, os cursos técnicos são ofertados nas modalidades de habilitação (com equivalência ao 2º grau) e especial (sem equivalência, para candidatos com 2º grau). À semelhança do que ocorreu na aprendizagem, a modalidade habilitação vem sendo progressivamente desativada, à medida que a clientela já se apresenta cursando ou com ensino médio com-

pleto; de modo geral, a tendência do Senai é ofertar apenas disciplinas profissionalizantes ou gerais, mas aplicadas (ex. desenho técnico);

- cursos de qualificação, aperfeiçoamento, especialização e treinamentos, agrupados sob a rubrica "suprimento", têm média (250 horas) e curta duração (80 horas); existentes em todos os S, concentrando o grosso das matrículas do Senai e Senac e a totalidade do Senar e Senat (este operando basicamente pela modalidade de ensino a distância); ofertados também pelo Sesi (que inclui ainda, nessa categoria, os cursos supletivos de 1º e 2º graus).

Incluem-se também entre as atividades do Sistema:

- assessoria técnica a empresas: mais desenvolvida no Senai e Senac, que, em grande parte, operam como subcontratados do Sebrae, especializado nesse tipo de atividade;
- palestras, seminários, oficinas de trabalho, realizados por todos os S, inclusive os sociais.

Os S Sociais são especializados em atividades culturais, esportivas, recreativas, assistenciais e de saúde. O Sesi é o único que mantém atuação regular na área de educação infantil e de 1º grau, juntamente com cursos supletivos e treinamentos profissionais para adultos, ministrados inclusive nas empresas.

A seguir, alguns indicadores relativos a essas programações, em 1996 (Tabela 1).

- **Matrículas x pessoas atendidas**

  Somando Senai, Senac, Senar, Senat e Sesi (supletivo e formação profissional), registram-se 5,2 milhões de matrículas em 1996, o que representaria uma cobertura de 2,8 milhões de trabalhadores (em estimativa baseada na relação matrículas/pessoas do Planfor). O grosso da matrícula (cerca de 80%) é realizado diretamente pelas próprias entidades. Senai e Senac têm volume expressivo de convênios e acordos com empresas e outras entidades; trata-se, no geral, de instrumentos que permitem às empresas reter e aplicar parte da contribuição devida às entidades em escolas, centros de treinamento ou programas próprios. As demais entidades não explicitam, em seus relatórios, eventuais acordos dessa natureza.

- **Carga horária média**

  A quase totalidade da matrícula dos S se concentra em programas de média/curta duração (até 250 horas). Cursos de longa duração são mais expressivos somente no Senai (formação de aprendizes, técnicos e tecnólogos). Tomando apenas as médias relativas a programas de média/curta duração, que teriam mais afinidade com os do Planfor, encontram-se médias/matrícula de 37 horas no Senai, 7 horas no Senac e 2 horas no Senar; o Senat não dispõe desse dado, cujo cálculo é praticamente inviável em programas a distância, que predominam na entidade. No Planfor, em 1996, a média foi de cerca de 50 horas por matrícula, somando, contudo, 103 horas por treinando.

- **Taxa de evasão**

Apenas Senac e Sesi divulgaram, em 1996, suas taxas de evasão: 8% e 5%, respectivamente (computando, no Sesi, apenas ensino supletivo e treinamentos). Não se dispõe de taxa de evasão precisa para o Planfor em 1996, pois, tendo a execução começado tardiamente, grande parte dos treinandos que continuaram os programas em 1997 foi computada como não concluintes. Em 1997, a taxa de evasão do Planfor foi de 10%.

- **Perfil da clientela**

Há apenas dois indicadores (sexo e idade) para Senai e Senac. A participação feminina é de 7% no primeiro e 62% no segundo, historicamente especializado em ocupações tidas como "femininas" (cabeleireiras, modelistas, secretárias, datilógrafas). A participação de jovens, na faixa de 14-18 anos de idade, pode ser estimada em 5% no Senai (incluindo alunos de aprendizagem e cursos técnicos) e 16% no Senac. No Planfor, em 1996, as mulheres representam 40% da clientela atendida; jovens, na faixa etária indicada, somam 19%. Ambos os percentuais refletem diretrizes do Planfor de privilegiar clientelas vulneráveis social e economicamente.

- **Estimativa de custos**

Considerando a despesa total em 1996, o investimento médio por matrícula foi de R$ 405,00 no Senai, R$ 269,00 no Senac, R$ 260,00 no Senar e R$ 1.120,00 no Senat. Esses dois apresentam dados atípicos: o Senar, por não permitir a separação entre atendimentos sociais e formação profissional propriamente dita; o Senat, por estar em fase de consolidação, montando estruturas etc. Para comparação mais precisa, pode-se calcular a despesa média por matrícula partindo do total investido na atividade-fim, descontadas as despesas de administração. Têm-se, então, R$ 262,00 por matrícula no Senai, R$ 118,00 no Sesi (somente ensino supletivo e treinamento), R$ 190,00 no Senac, R$ 202,00 no Senar e R$ 1.060,00 no Senat – mantendo os dois últimos as discrepâncias indicadas. No Planfor, em 1996, a despesa média por treinando (pessoa) foi de R$ 190,00, o que equivaleria a perto de R$ 100,00 por matrícula. Vale lembrar, no entanto, que os custos dos S refletem a necessidade de manutenção de estrutura própria, incluindo (especialmente Senai, Senac e Sesi) ampla rede de escolas e centros de formação.

Tabela 1 – Perfil do Sistema S (1996)

Variáveis/indicadores	Senai *	Senac	Senar **	Senat	Sesi ***
Matrícula total/atendimentos (milhões)	2,4	2	0,5	0,1	0,4
• ação direta	1,8	1,6	–	–	–
• ação indireta (convênios/acordos isenção)	0,6	0,4	–	–	–
Composição da matrícula total (milhões)	1,8	2,0	0,5	0,1	0,1
• FP longa duração/supletivo	0,2	–	–	–	0,1
• FP profissional média/curta duração	1,6	0,5	0,3	0,1	0,3
• seminários, oficinas e outros eventos	–	1,5	0,2	–	–
Taxa evasão média – formação profissional	nd	8%	nd	nd	5%
Carga horária total (milhões de alunos-hora)	142,2	5,6	0,7	nd	nd
• FP longa duração	80,6	–	–	nd	nd
• FP média/curta duração	61,6	3,2	0,5	nd	nd
• seminários, oficinas e outros eventos	–	2,4	0,2	nd	nd
Carga horária média/matrícula (horas)	79	2,8	1,5	nd	nd
• FP longa duração	448	–	–	nd	nd
• FP média/curta duração	37	6,5	1,7	nd	nd
• seminários, oficinas e outros eventos	–	1,6	1,2	nd	nd
Despesa anual – total (R$ milhões)	729	538	130	112	–
• R$/matrícula	405	269	260	1.120	–
Despesa anual – atividade-fim (R$ milhões)	472	380	101	106	47
• R$/matrícula	262	190	202	1.060	118
Quadro de pessoal – total (mil)	14,3	17,8	nd	nd	15,5
• temporários/prestadores de serviços	nd	7,9	nd	nd	2,8
Docentes e técnicos (mil)	8,5	12,8	4,1	nd	nd
• participação no total	59%	72%	nd	nd	nd
Rede de unidades operacionais/escolas	934	553	–	50	1.175
Municípios atendidos (mil)	nd	1,8	nd	nd	1,4
Participação feminina na matrícula	7%	62%	nd	nd	nd
Participação jovens 14-18 anos	5%	16%	nd	nd	nd

Fonte: Relatórios anuais de cada entidade e orçamentos disponíveis no MTb/Corfi.

* Os indicadores do Senai, exceto o total de matrículas, se referem à ação direta.

** O total de matrículas inclui as atividades de promoção social rural, parte das quais se refere a ações educacionais.

*** No Sesi, dados de rede operacional e municípios atendidos são de 1995. Foram considerados, na entidade, apenas os programas de ensino supletivo e de qualificação profissional, assim como os recursos correspondentes. A rede de unidades inclui centros de atendimento e escolas de 1º grau.

Bases físicas

A rede do Sistema S inclui diversos tipos de unidades, a saber:

- centros de tecnologia, escolas, centros de treinamento, próprios ou mantidos em convênio com empresas contribuintes – existentes no Senai, Sesi e Senac;
- unidades móveis: vagões, caminhões, furgões etc., que se deslocam para realização de cursos e prestação de serviços – existentes no Senai e Senac;
- centros de atendimento médico, social, recreação, lazer, cultura (incluindo teatros, galerias, bibliotecas): Sesi, Sesc;
- postos de atendimento ao trabalhador, que incluem formação profissional e assistência médica: mantidos pelo Senat/Sest, inclusive com rede ao longo das estradas;
- estabelecimentos-escola, como hotéis, restaurantes, cabeleireiros, que prestam serviços e formação profissional mantidos pelo Senac.

O Senar opera de forma diferente, utilizando principalmente sindicatos e sedes de federações regionais para parte dos atendimentos. A maioria dos treinamentos, no entanto, é ministrada nos locais de trabalho (fazendas, campos, currais, criatórios, plantações etc.).

Os dados de 1996 permitem computar a rede do Sistema S em cerca de 2,7 mil unidades que oferecem atividades de formação profissional e educação básica, incluindo: 934 unidades do Senai (das quais um terço é móvel), 553 do Senac, 50 centros ou postos do Senat, 830 escolas de ensino fundamental e 345 centros de atividades do Sesi (dados de 1995, sem contar unidades operacionais como hospitais, farmácias, supermercados, cozinhas, restaurantes, colônias de férias, cinemas, teatros etc.). Não há dados sobre o Sesc, podendo-se estimar que sua rede seja comparável à do Sesi em matéria de centros de atividades, além de unidades operacionais para esportes, lazer e cultura.

Quanto à cobertura espacial, em 1996 somente o Senac registra 1,8 mil municípios atendidos. Pode-se estimar que o Senai atinja no mínimo a mesma amplitude, dada a dimensão de sua rede. O Sesi registra, em 1995, atuação em 1,4 mil municípios. A título de comparação, observe-se que o Planfor, em 1996, chegou a 2,6 mil municípios, 48% dos existentes no país.

Gestão e organização

Os S apresentam uma situação jurídica peculiar: são entidades de direito privado, estabelecidas segundo o Código Civil do país, mantidas por recursos públicos, sujeitas ao Tribunal de Contas da União, mas geridas pelas Confederações e Federações de empresários. Cada S tem peculiaridades, mas, em grande parte, todas replicam o modelo Senai, o S mais antigo, também reproduzido em diversos países da América Latina e do Caribe ao longo dos anos 60 e 70.

Operando em escala nacional, cada S compreende, basicamente:

- órgãos normativos, consultivos e de supervisão: Conselho Nacional, Conselhos Regionais e Conselhos Fiscais. O Senai não tem Conselho Fiscal, mas uma Comissão de Orçamento, integrando seu Conselho Nacional;
- órgãos executivos e administrativos: Departamento Nacional, Departamento Regional ou Secretarias Executivas. Conselhos e Departamentos Nacionais são órgãos centrais, com âmbito de atuação nacional. Conselhos e Departamentos Regionais são organismos estaduais, vinculados aos respectivos órgãos centrais. Senar e Senat, mais recentes, não têm Conselhos nem Departamentos em todos os Estados.

Os Conselhos Nacionais e Regionais estão sob a autoridade das Confederações e Federações de empresários contribuintes de cada S. O Governo é representado na maior parte desses Conselhos pelos Ministérios da Previdência, da Educação e do Trabalho (este por meio da Secretaria de Formação e Desenvolvimento Profissional, na esfera nacional, e pessoal das Delegacias Regionais do Trabalho, nos Estados), com exceção do Sebrae, no qual a representação do Governo cabe ao Ministério da Indústria e do Comércio. Entre os S, somente o Senar tem um Conselho Nacional organizado em bases tripartites e paritárias, com representantes dos sindicatos de trabalhadores rurais (Contag – Confederação Nacional de Trabalhadores na Agricultura); no caso do Governo, a representação é feita pelo MTb, MEC e Ministério da Agricultura.

O Departamento Nacional ou Secretaria Executiva de cada S é responsável pela coordenação de políticas e diretrizes estabelecidas pelo Conselho Nacional, pela estruturação e coordenação de planos nacionais, pela assistência técnica aos Departamentos Regionais e representação legal da IFP. Seu diretor é indicado pelo presidente da respectiva Confederação.

Os Departamentos Regionais são organismos de gestão e execução em cada Estado, respondendo pelas escolas, cursos, assistência técnica e demais atividades desenvolvidas. Cada Departamento Regional (DR) tem uma Diretoria, cujo titular é escolhido de comum acordo pelos presidentes da Confederação e Federação da respectiva categoria contribuinte. Embora vinculados ao Departamento Nacional, os Regionais são bastante autônomos, especialmente aqueles que não dependem de ajuda financeira do Nacional. O Departamento Regional decide a respeito de cursos, currículo, gestão de pessoal, investimentos – sempre, é claro, sujeito ao respectivo Conselho.

No âmbito dos Regionais, há variações pronunciadas entre os S e mesmo entre Departamentos do mesmo S. O Senai, no geral, adota modelos de gestão centralizados, deixando às escolas e unidades operacionais pouca margem de decisão administrativa, financeira ou pedagógica. O Senac, por sua vez, apresenta experiências de descentralização mais consolidadas, até pela orientação de busca de receita própria, mediante cobrança de produtos e serviços (em SP, por exemplo, as escolas operam como "unidades de negócio").

Financiamento

As questões de gestão e financiamento são fortemente interligadas. Embora mantidos com recursos públicos, os S têm gestão privada, dos empresários, sem efetiva participação do governo e dos trabalhadores. O Senar é a exceção, embora ainda esteja no aprendizado do efetivo tripartismo, em seus Conselhos Regionais.

De fato, o Sistema S é mantido basicamente pelas contribuições compulsórias incidentes sobre a folha de pagamento das empresas de determinados setores, arrecadadas pelo Instituto Nacional de Seguridade Social (INSS), órgão do Governo Federal, juntamente com outras contribuições sociais devidas ao Sistema Previdenciário. O montante arrecadado é, posteriormente, repassado ao Departamento Nacional de cada S, a seguir, aos Estados. A seguir, algumas particularidades:

- Senai: o compulsório é de 1% sobre folha de pagamento das empresas dos seguintes setores: indústrias extrativa, de transformação, da construção, de utilidade pública, da pesca; serviços de reparação e manutenção (oficinas mecânicas, concessionárias de autos e afins); serviços de transportes sobre trilhos (metrô, ferrovia; transportes aéreo e marítimo/fluvial têm fundos próprios, pagos, respectivamente, ao DAC e Capitanias dos Portos). Empresas com 500 ou mais empregados pagam adicional de 0,2% sobre a folha de pagamento, contribuição arrecadada e aplicada diretamente pelo Departamento Nacional do Senai;
- Senac: similar ao Senai, sem o adicional; pago pelo comércio e serviços, exceto bancos;
- Senar: contribuição de 2,5% sobre o valor de produção (faturamento), sendo maior porque se destina também aos programas sociais que, no caso dos demais S, têm recursos separados; recebe também recursos do Incra, arrecadados via folha de pagamento;
- Senat: compulsório é de 1% sobre folha de pagamentos das empresas de transportes de passageiros/cargas, sobre pneus, atingindo também trabalhadores autônomos (taxistas, caminhoneiros);

- Sesi, Sesc, Sest: compulsório de 1,5% sobre a folha de pagamento das empresas contribuintes do respectivo S de formação profissional; o Sesi, como o Senai, tem adicional para empresas de 500 ou mais empregados;
- Sebrae: compulsório de 0,3% sobre empresas de todos os setores.

A contribuição compulsória tem diferentes percentuais de alocação, segundo o estatuto de cada S. O INSS retém 1% do valor arrecadado, a título de despesas operacionais. Os 99% restantes são destinados, em sua maior parte, ao DR onde se localizam as empresas contribuintes, havendo também contribuições ao Departamento Nacional e à Confederação e Federação patronal do respectivo S. Trata-se, pois, de um modelo estreitamente amarrado à própria organização sindical do país, nos moldes em que foi estruturada nos anos 40.

Os orçamentos reformulados de 1996, de todo o Sistema S (exceto Sebrae) somam R$ 4,4 bilhões, dos quais R$ 1,5 bilhão refere-se aos S de formação profissional (Tabela 2). Nestes, em média, 70% do orçamento se destina às atividades-fim, de educação profissional. Nos S sociais, apenas o Sesi registra investimento significativo em educação básica e formação profissional (13%). Na média dos S sociais, que movimentam R$ 2,9 bilhões/ano, os recursos destinados à educação e saúde somam 26% do total.

O montante e a estrutura de gastos praticamente se mantêm em 1997, com ligeira queda no total de recursos (R$ 4,2 bilhões). Observa-se um crescimento da receita da contribuição compulsória em todas as entidades, em valores absolutos e sobre a composição total das receitas (Tabela 3): de R$ 2,3 bilhões em 1996 (54% do total), o compulsório passa a R$ 2,6 bilhões em 1997 (61% do total).

A garantia da receita compulsória não tem livrado os S de diversos tipos de oscilações. Nos anos 70/80, houve períodos de limitação do teto de contribuições (até 10 salários mínimos ou até 20). A partir dos anos 80, a reestruturação produtiva e o enxugamento do mercado formal passam a restringir as possibilidades de crescimento dessa receita. O Senai, por exemplo, foi diretamente afetado pelo fraco desempenho do emprego industrial e, ao mesmo, pelo avanço do processo de terceirização na indústria (que acaba, em certa medida, favorecendo o Senac). A partir de 1994, a estabilidade econômica trouxe, em parte, novas restrições financeiras, pois, no período inflacionário, as receitas de aplicações financeiras tinham expressivo peso no orçamento anual dos S.

O peso cumulativo dessas oscilações tem levado os S – principalmente os mais antigos – a medidas de reestruturação administrativa, como enxugamento de quadros, inclusive mediante programas de demissão/aposentadoria incentivada; ampliação de trabalho temporário/terceirizado (instrutores, pesquisadores); contenção de investimentos na ampliação da rede (estudo do Senai-SP, no final dos anos 80, revelou que o custo operacional de cada nova escola praticamente repetia, a cada cinco anos, seu investimento inicial).

Tabela 2 – Sistema S – Orçamento 1996 (reformulado)

Discriminação	Senai	Senac	Senar	Senat	Subtotal	Sesi	Sesc	Sest	Subtotal	Total
RECEITAS										
Correntes										
• Contribuição	548,8	294,9	50,9	38,4	933,0	830,9	515,6	57,6	1.404,1	2.337,1
• Patrimonial	30,4	49,6	12,3	3,0	95,3	107,9	70,6	8,0	186,5	281,8
• Serviços	38,9	128,2	10,9	2,9	180,9	686,4	89,8	2,2	778,4	959,3
• Outras	102,2	1,0	55,3	17,8	176,3	202,0	1,7	43,5	247,2	423,5
Subtotal	**720,3**	**473,7**	**129,4**	**62,1**	**1.385,5**	**1.827,2**	**677,7**	**111,3**	**2.616,2**	**4.001,7**
Capital	9,1	64,0	0,1	50,0	123,2	58,3	122,7	60,0	241,0	364,2
Total	**729,4**	**537,7**	**129,5**	**112,1**	**1.508,7**	**1.885,5**	**800,4**	**171,3**	**2.857,2**	**4.365,9**
DESPESAS										
Administração	**257,4**	**157,5**	**28,5**	**6,2**	**449,6**	**616,5**	**240,2**	**10,6**	**867,3**	**1.316,9**
Educação										
• Básica*	70,9	–	–	–	70,9	202,4	–	–	202,4	273,3
• Supletiva**	401,1	380,2	101,0	105,9	988,2	47,1	–	–	47,1	1.035,3
Subtotal	**472,0**	**380,2**	**101,0**	**105,9**	**1.059,1**	**249,5**	**–**	**–**	**249,5**	**1.308,6**
Saúde/seg.trab.	–	–	–	–	–	214,8	99,4	160,7	474,9	474,9
Cultura/esporte	–	–	–	–	–	114,7	245,3	–	360,0	360,0
Assist. social	–	–	–	–	–	690,0	215,5	–	905,5	905,5
Total	**729,4**	**537,7**	**129,5**	**112,1**	**1.508,7**	**1.885,5**	**800,4**	**171,3**	**2.857,2**	**4.365,9**
Participação										
RECEITAS										
• Contrib./total	75%	55%	39%	34%	62%	44%	64%	34%	49%	54%
• Serviços/total	5%	24%	8%	3%	12%	36%	11%	1%	27%	22%
DESPESAS										
• Adm./total	35%	29%	22%	6%	30%	33%	30%	6%	30%	30%
• Educação/total	65%	71%	78%	94%	70%	13%	–	–	9%	30%
• Saúde/total	–	–	–	–	–	11%	12%	94%	17%	11%

Fonte: MTb/Corfi

* Pré-escola e ensino fundamental, no Sesi; ensino médio, superior e ciência e tecnologia, no Senai.

** Formação profissional de média e curta duração e ensino supletivo (este somente no Sesi).

Tabela 3 – Sistema S – Orçamento 1997 (reformulado)

Discriminação	Senai	Senac	Senar	Senat	Subtotal	Sesi	Sesc	Sest	Subtotal	Total
RECEITAS										
Correntes										
• Contribuição	604,8	343,7	55,9	47,4	1.051,8	857,3	597,0	71,2	1.525,5	2.577,3
• Patrimonial	23,9	37,4	10,9	0,7	72,9	66,9	69,9	1,0	137,8	210,7
• Serviços	95,1	155,7	18,7	1,5	271,0	451,3	94,1	1,4	546,8	817,8
• Outras	67,2	1,9	63,0	-	132,1	210,8	2,1	0,1	213,0	345,1
Subtotal	**791,0**	**538,7**	**148,5**	**49,6**	**1.527,8**	**1.586,3**	**763,1**	**73,7**	**2.423,1**	**3.950,9**
Capital	10,0	69,7	0,3	29,7	109,7	38,6	97,8	37,3	173,7	283,4
Total	**801,0**	**608,4**	**148,8**	**79,3**	**1.637,5**	**1.624,9**	**860,9**	**111,0**	**2.596,8**	**4.234,3**
DESPESAS										
Administração	**281,6**	**172,3**	**31,0**	**2,1**	**487,0**	**629,5**	**241,3**	**4,2**	**875,0**	**1.362,0**
Educação										
• Básica*	83,8	–	–	–	70,9	203,6	–	–	202,4	273,3
• Supletiva**	435,6	436,1	117,8	77,2	1.066,7	55,6	–	–	47,1	1.113,8
Subtotal	**519,4**	**436,1**	**117,8**	**77,2**	**1.137,6**	**259,2**	**–**	**–**	**249,5**	**1.387,1**
Saúde/seg.trab.	–	–	–	–	–	211,4	111,8	106,8	430,0	474,9
Cultura/esporte	–	–	–	–	–	107,4	278,5	–	385,9	360,0
Assist. social	–	–	–	–	–	417,4	229,3	–	646,7	905,5
Total	**801,0**	**608,4**	**148,8**	**79,3**	**1.637,5**	**1.624,9**	**860,9**	**111,0**	**2.596,8**	**4.234,3**
Participação										
RECEITAS										
• Contrib./total	76%	56%	38%	60%	64%	53%	69%	64%	59%	61%
• Serviços/total	12%	26%	13%	2%	17%	28%	11%	1%	21%	19%
DESPESAS										
• Adm./total	35%	28%	21%	3%	30%	39%	28%	4%	34%	32%
• Educação/total	65%	72%	79%	97%	69%	16%	–	–	10%	33%
• Saúde/total	–	–	–	–	–	13%	13%	96%	17%	11%

Fonte: MTb/Corfi

* Pré-escola e ensino fundamental, no Sesi; ensino médio, superior e ciência e tecnologia, no Senai.

** Formação profissional de média e curta duração e ensino supletivo (este somente no Sesi).

Ao mesmo tempo, vem se intensificando a busca de fontes alternativas de receita, mediante cobrança de taxas por serviços prestados, como cursos, assessorias, uso de laboratórios. Essa iniciativa está mais consolidada no Senac, que cobra praticamente a totalidade dos cursos oferecidos (com isso, a receita de serviços chega a quase a um quarto do total). Sesc e Sesi têm cobrança seletiva de taxas, mas, no caso do Sesi, a cobrança é insuficiente para cobrir o custo operacional dos serviços (que incluem supermercados, farmácias, restaurantes, teatros etc.), que são deficitários (o Sesi-SP procedeu, recentemente, à "privatização" de sua rede de supermercados, altamente deficitários e, ao mesmo tempo, fonte de conflitos com os grandes grupos do setor).

A despeito das oscilações, alguns dos S, especialmente os sociais, operam com razoável folga financeira. Levantamento em balancetes de 1996 mostrou que várias entidades operavam com disponibilidade financeira suficiente para mais de 90 dias de operação: Sesi = 134 dias (jun./96); Senac = 149 dias (mar./96); Sesc = 234 (mar./96) dias; Senar = 94 dias (jun./96) e Senai = 45 dias (jun./96). É certo que essa folga já foi maior (geralmente superior a seis meses), mas seria ainda suficiente para que, conforme proposta do MTb na época, os S (especialmente os sociais) direcionassem maior volume de recursos para educação supletiva.

Cabe observar que o Planfor foi visto inicialmente, por dirigentes e simpatizantes do Sistema S, assim como por seus críticos, como uma possível fonte alternativa de financiamento para o Sistema. Entretanto, dadas as diretrizes de execução do Planfor, o conjunto dos S (incluindo Sebrae) não chega a absorver nem 20% dos recursos do FAT, ficando abaixo da participação de universidades públicas e dos sindicatos. Por outro lado, o volume absorvido pelos S, no Planfor, representa uma parcela mínima do orçamento total dessas instituições, insuficiente, portanto, para ser considerado fonte alternativa de financiamento (em 1996, os R$ 45 milhões do Planfor absorvidos pelo Sistema S, inclusive Sebrae, não chegavam a somar 1% do orçamento total dessas entidades; em 1997, os contratos do Planfor com os S somaram R$ 58,6 milhões, 1,3% do orçamento total das entidades).

SOBRE O LIVRO

Formato: 16 x 23 cm
Mancha: 23 x 43 paicas
Tipografia: Gautineau 10/13
Papel: Offset 75 g/m² (miolo)
Cartão Supremo 250 g/m² (capa)
1ª edição: 2001

EQUIPE DE REALIZAÇÃO

Produção Gráfica
Sidnei Simonelli

Edição de Texto
Nelson Luís Barbosa (Assistente Editorial)
Ana Luiza França (Preparação de Original)
Luiz Carlos Chamadoira e Ana Luiza França (Revisão)

Editoração Eletrônica
Lourdes Guacira da Silva Simonelli (Supervisão)
Companhia Editorial (Diagramação)

Impressão e Acabamento
Oesp Gráfica S.A (Com Filmes Fornecidos Pelo Editor)
Dept° Comercial Alameda Araguaia, 1901 - Barueri - Tamboré
Tel. 4195-1805 Fax 4195 - 1384